GUSTAVE WESTMORE

OU

LES SUITES DE LA LÉGÈRETÉ

TRADUIT DE L'ALLEMAND DE F. HOFFMANN

Par F.-C. GÉRARD

SUIVI DU VIEUX NOIR ET DU JEUNE BLANC

ROUEN

MÉGARD ET Cie, IMPRIM.-LIBRAIRES

BIBLIOTHÈQUE MORALE

DE

LA JEUNESSE

PUBLIÉE

AVEC APPROBATION

Gustave et son araignée.

GUSTAVE WESTMORE

OU

LES SUITES DE LA LÉGÈRETÉ

TRADUIT DE L'ALLEMAND DE F. HOFFMANN

Par F.-C. GÉRARD

SUIVI DU VIEUX NOIR ET DU JEUNE BLANC

ROUEN
MÉGARD ET Cie, IMPRIM.-LIBRAIRES
1853

APPROBATION.

Les Ouvrages composant **la Bibliothèque morale de la Jeunesse** ont été revus et approuvés par un Comité d'Ecclésiastiques nommé par MONSEIGNEUR L'ARCHEVÊQUE DE ROUEN.

Avis des Éditeurs.

Les Éditeurs de la **Bibliothèque morale de la Jeunesse** ont pris tout à fait au sérieux le titre qu'ils ont choisi pour le donner à cette collection de bons livres. Ils regardent comme une obligation rigoureuse de ne rien négliger pour le justifier dans toute sa signification et toute son étendue.

Aucun livre ne sortira de leurs presses, pour entrer dans cette collection, qu'il n'ait été au préalable lu et examiné attentivement, non-seulement par les Éditeurs, mais encore par les personnes les plus compétentes et les plus éclairées. Pour cet examen, ils auront recours particulièrement à des Ecclésiastiques. C'est à eux, avant tout, qu'est confié le salut de l'Enfance, et, plus que qui que ce soit, ils sont capables de découvrir ce qui, le moins du monde, pourrait offrir quelque danger dans les publications destinées spécialement à la Jeunesse chrétienne.

Aussi tous les ouvrages composant la **Bibliothèque morale de la Jeunesse** sont-ils revus et approuvés par un Comité d'Ecclésiastiques nommé à cet effet par MONSEIGNEUR L'ARCHEVÊQUE DE ROUEN. C'est assez dire que les écoles et les familles chrétiennes trouveront dans notre collection toutes les garanties désirables, et que nous ferons tout pour justifier et accroître la confiance dont elle est déjà l'objet.

GUSTAVE WESTMORE

OU

LES SUITES DE LA LÉGÈRETÉ.

CHAPITRE PREMIER.

Enfance de Gustave.

Le comte de Westmore, riche seigneur anglais, après avoir servi son pays avec honneur pendant les longues guerres qui portèrent si haut le nom du pavillon britannique, s'était retiré dans son vaste manoir de Westmore, où il vivait dans la plus sévère retraite, avec son épouse et les deux fils que le ciel lui avait donnés.

Pendant toute la durée de sa carrière agitée, il n'avait guère songé à ses devoirs religieux, quoique le marin, plus que le soldat de l'armée de terre, se trouve souvent en présence de Dieu. Dans ces moments suprêmes où l'homme, impuissant à lutter contre les éléments en courroux, reconnaît le néant de son orgueil, il tombe à genoux, écrasé par le sentiment de sa faiblesse, et il élève sa pensée vers celui qui peut seul, d'un mot de sa bouche, mettre un frein à la fureur des flots et l'arracher à la mort. Le comte de Westmore était une de ces natures hautaines qui se font un point d'honneur de ne courber le front devant aucune puissance; mais, avec l'âge, il s'était introduit dans ses idées des changements qui le rendaient méconnaissable à tous ses amis : il s'était rapproché des autels, et personne n'était plus scrupuleux observateur de ses devoirs religieux. D'orgueilleux, il était devenu humble; d'emporté, doux, patient et résigné, et il faisait le bonheur de lady Westmore, qui avait eu beaucoup à souffrir de la violence de son époux.

Le fils aîné du comte, qui, suivant la coutume anglaise, devait, en vertu du droit d'aînesse, hériter seul des biens de la famille, dont il était appelé à soutenir le nom avec éclat, était d'un caractère doux et même indifférent.

Gustave, le plus jeune, destiné à être jeté dans le monde sans autres ressources que les protections de sa famille, et sans qu'il pût prétendre à la moindre part des biens immenses de son père, était tout le portrait du comte de Westmore. Il lui ressemblait autant par le caractère que par la figure. C'était un petit garçon vif, pétulant, emporté jusqu'à la colère, d'une mobilité de volonté qui le faisait passer sans transition d'un objet à un autre, et qui ne supportait rien plus impatiemment que le joug. Il ne voulait reconnaître aucune autre autorité que celle de son père.

Avec cette différence de caractère, les deux frères éprouvaient l'un pour l'autre une aversion mutuelle ; ce qui causait à lady Westmore un chagrin d'autant plus profond qu'elle aurait voulu que Gustave pût compter sur la protection de son frère ; toutes ses peines furent inutiles ; les deux enfants semblaient s'éloigner par un mouvement instinctif, parce que leurs goûts étaient trop différents pour qu'il s'établît entre eux la moindre sympathie.

Le comte de Westmore qui se reconnaissait dans Gustave, avait pour lui une prédilection qu'il cherchait vainement à dissimuler, et il le gâtait de la manière la plus déplorable. Il trouvait dans sa tendresse une excuse à toutes ses fautes et répondait à lady Westmore, qui venait souvent, les larmes aux yeux, lui faire des reproches de son fils :

— Laisse-le faire, j'ai été comme cela. Cette pétulance se passera.

— Puisse le Seigneur entendre tes paroles, lui répondait son épouse. Je crains bien que cet enfant ne nous prépare de grands chagrins.

Le projet de lady Westmore avait été d'en faire

un ecclésiastique; mais le caractère impétueux de Gustave s'accordait trop peu avec les sentiments d'humilité qui doivent, chez le prêtre, étouffer tous les autres penchants, pour qu'elle s'arrêtât à cette pensée. Son époux, au contraire, voulait qu'il embrassât, comme lui, la carrière des armes. Il avait dans la maison royale assez d'amis pour ouvrir à son fils le chemin de la fortune, et il s'occupait sérieusement de ce projet, quand il mourut.

Dès que Gustave eut perdu son père, qu'il pleura avec plus de sensibilité peut-être que son frère, il put se livrer sans contrainte à ses penchants. Il grandit dans l'oisiveté, et devint réellement le fléau de tout le pays. Quand un des vassaux de Westmore l'apercevait, il s'éloignait de son chemin pour éviter sa rencontre. Ce n'était pas qu'il fût méchant; mais il était léger, impérieux, et d'une irascibilité qui s'exaltait au moindre obstacle et lui eût fait commettre les fautes les plus grandes. Quand il avait fait à quelqu'un de la peine ou du mal, il était toujours prêt à lui en demander pardon, quitte à recommencer un moment après.

Lady Westmore, voyant que le séjour de son jeune fils sous le même toit que son frère était devenu impossible, résolut de l'éloigner. Elle demanda, à son insu, un brevet d'enseigne; et quand elle l'eut obtenu, elle fit, un matin, appeler Gustave.

CHAPITRE DEUXIÈME.

Gustave et Bob.

— Je vois bien, Gustave, lui dit lady Westmore, quand elle l'eut fait asseoir près d'elle, que la main tremblante de ta pauvre mère est trop faible pour mettre un frein à ton étourderie et imposer des bornes à ton orgueil et à ton irascibilité, qui s'exalte à la plus légère occasion. Oui, mon fils, il faut nous séparer, il faut que je t'envoie à la dure école de la vie, pour m'épargner le chagrin de m'entendre reprocher la faiblesse qui me ferait, à force de tendresse, contribuer à ta perte. O Gustave! si tu savais que la légèreté, l'orgueil, l'irréflexion sont souvent plus pernicieuses, lorsqu'on ne peut pas les déraciner, que la méchanceté et l'endurcissement! L'homme qui n'a pas d'empire sur lui-même, qui n'a pas, dès son enfance, par une application soutenue, appris à maîtriser ses passions, est toujours sur le bord du précipice. Un moment d'inattention suffit pour le précipiter dans l'abîme, le rendre malheureux pour le reste de sa vie et livrer son cœur aux angoisses du repentir. Prête l'oreille aux conseils de ta mère, qui te supplie, les larmes aux yeux, de te corriger de tes défauts avant qu'il soit trop tard pour espérer une amélioration. Songe que je ne puis rien pour toi, que prier le Seigneur d'exaucer mes ardentes prières. Ton frère ne t'aime pas; ta légèreté en a fait ton ennemi, et tu es le plus jeune de nos fils. Tu dois être l'unique artisan de ta fortune; tu dois, par ton application et ta persévérance, conquérir une position qui te fasse prendre dans le monde une place nouvelle. Tu es pauvre, Gustave, pauvre et sans ressources, quoique ton frère nage dans l'abondance. Ta fortune est entre tes mains; ta mère ne peut que t'ouvrir la voie qui te conduira à un but honorable.

C'est en ces termes que lady Westmore, dont la voix était émue et les yeux humides de larmes, parlait à un grand jeune homme qui venait d'atteindre sa seizième année. Il l'écoutait en silence, les yeux baissés, les joues couvertes d'une rougeur brûlante. Quand elle eut fini de parler, il lui prit la main, y porta respectueusement les lèvres, et lui dit :

— Ma bonne mère, rassure-toi, le mal que tu redoutes n'arrivera pas, je me corrigerai ; je sais que tu as raison : je suis étourdi, emporté ; mais je ne suis pas méchant. Je me corrigerai, je ferai mille efforts pour vaincre mes mauvais penchants, et dès ce moment je vais m'appliquer à te causer autant de joie que jusqu'à ce jour je t'ai causé de tristesse. Pardonne-moi tes chagrins, ma bonne mère.

Lady Westmore attacha ses regards remplis de mélancolie et de douleur sur le visage brillant de jeunesse de son fils, qui s'était jeté à ses genoux, et le sourire vint ranimer ses traits. Elle serra doucement la main du jeune homme et lui dit :

— Je te pardonne, mon fils ; car le cœur d'une mère n'est pas fait pour maudire. Puissent mes paroles rester gravées dans ton cœur et t'affermir dans tes bonnes résolutions ! Je te pardonne les chagrins que tu m'as causés, les larmes que j'ai versées pour toi, si tu commences dès aujourd'hui à devenir maître de tes passions véhémentes. C'est un art difficile que de s'imposer une contrainte devant laquelle recule notre esprit ; cependant, mon cher Gustave, avec de la persévérance tu arriveras à ce résultat, qui me comblera de joie et fera disparaître de mon front les nuages qui l'assombrissent. Tu n'as, mon cher fils, qu'un seul refuge quand, éloigné de moi, je ne pourrai soutenir ton courage chancelant, c'est la prière. Dieu exaucera tes vœux, s'ils lui sont adressés avec un cœur pur et repentant. Choisis, pour te soutenir dans cette lutte contre toi-même, un ecclésiastique vénérable, digne par ses vertus de toute ta confiance; verse dans son sein paternel le secret de tes douleurs et de tes faiblesses. Si tu as la force de ne pas reculer devant l'aveu d'une faute, tu seras bien prêt de ta guérison; mais si ton cœur se révolte devant l'autorité qu'il a reçue de Dieu, si tu repousses par orgueil les conseils de la sagesse et les doux reproches de l'amitié, tu es à jamais perdu.

— Je te promets, ma bonne mère, de me conformer à tes dernières instructions; je veux être digne de ton amour, et la consolante pensée de faire cesser des chagrins dont j'ai été si souvent la cause me donnera le courage de vaincre mes mauvais penchants.

— Tu veux, je le sais, aller à Londres; mais qu'y feras-tu?

— Ce que j'y ferai? Tu ne le devines pas? L'amitié la plus sincère ne m'unit-elle pas au fils du colonel Seymour? Je n'ai qu'un seul désir, c'est d'entrer dans le même régiment que mon ami. Je me sens une vocation bien prononcée pour le métier des armes, et mon cœur bat d'un noble orgueil en pensant que je pourrai honorablement servir mon pays.

Lady Westmore prit dans une corbeille à ouvrage, qui était placée sur sa table, un papier plié en quatre et le présenta en souriant à son fils.

— Tiens, Gustave, lis; tes vœux sont remplis. Le colonel Seymour, à qui je me suis adressée, a consenti à accueillir favorablement la demande que je lui ai adressée.

Gustave prit le papier et vit avec étonnement que c'était une commission d'enseigne dans le régiment de Seymour; son œil brilla de joie, un sourire de bonheur erra sur ses lèvres, ses joues se colorèrent d'un vif éclat. Il se jeta au cou de sa mère.

— Merci, ma chère mère; quel bonheur je te dois! Jamais je n'oublierai cette marque de tendresse. Il faudrait que je fusse dépourvu de cœur pour ne pas faire tous mes efforts pour te faire oublier les chagrins que je t'ai causés par ma légèreté. Jamais il ne te reviendra une plainte sur moi; tu verras que ton fils est digne de ton amour.

— J'espère, mon cher fils, que tu tiendras parole. Je ne doute pas de ta bonne volonté; car je sais que, malgré la légèreté de ton esprit, ton cœur est rempli des plus nobles sentiments. Il ne te faut qu'une force de volonté dont je doute malheureusement encore; mais je prierai Dieu qu'il te donne la persévérance dont tu as besoin pour accomplir le vœu le plus cher à mon cœur.

Le cœur de Gustave était trop rempli de joie pour qu'il prêtât l'oreille aux paroles de sa mère. Il était préoccupé des splendeurs de Londres et des plaisirs qui allaient en foule enivrer le jeune officier. Au moment même où il promettait à sa mère de se corriger, son esprit était préoccupé d'autres pensées et sa bouche proférait, presque à son insu, des paroles auxquelles sa froide raison n'avait nulle part. Au lieu de songer aux devoirs qu'allait lui imposer la profession à laquelle il se destinait, il ne pensait qu'aux plaisirs qui allaient en foule éclore sous ses pas, et, sans même se rendre compte du parjure qu'il commettait en faisant à sa mère des promesses solennelles d'amélioration, il se réjouissait d'être affranchi d'une surveillance incommode et d'être enfin maître de ses actions, sans qu'aucun contrôle vînt s'imposer à sa volonté. Quoiqu'il démentît par ses paroles ce qui se passait dans son cœur, les regards pénétrants de sa mère lurent clairement les pensées qui l'agitaient; l'animation de ses traits disait plus que les plus longs discours. Elle se laissa tomber sur son fauteuil, joignit les mains et pria tout bas pour son fils. « Mon Dieu, disait-elle, jetez sur ce malheureux enfant un regard de pitié, empêchez-le de céder à ses idées désordonnées, faites entrer le calme dans ce cœur où fermentent tant de passions fougueuses, soutenez-le dans la route épineuse qu'il va parcourir, et, quelles que soient les épreuves auxquelles il vous plaira de le soumettre, faites-le arriver sain et sauf au port du salut.

Gustave quitta l'appartement sans s'être aperçu de la douleur de sa mère et alla trouver Bob, le fils du jardinier, pour lui annoncer cette bonne nouvelle. Ce jeune homme, quoique né dans une condition bien inférieure à celle de Gustave, le valait cependant au moins sous le rapport de l'instruction et du bons sens. Le cômte de Westmore, qui avait de bonne heure remarqué en lui les plus heureuses dispositions, lui avait fait donner l'éducation qui prépare aux professions littéraires. Bob avait même suivi à Londres un cours de droit, et la mort seule du père de Gustave avait pu l'arrêter dans sa carrière.

Bob était assis dans le parc, au bord d'un vivier, et pêchait tranquillement à la ligne, quand Gustave vint, comme un fou, prendre place à côté de lui.

— Mon cher Bob, lui dit-il, réjouis-toi : la semaine prochaine je pars pour Londres. C'est là que je mènerai la vie de liberté et de plaisirs que j'ai toujours rêvée. Je suis porte-enseigne dans le régiment des Seymour.

— Vous voulez que je m'en réjouisse? répondit froidement Bob en détachant de sa ligne un poisson qu'il venait de prendre. Vous vous en réjouissez donc, vous?

— Certainement, Bob; songe donc que je vais à Londres, que j'y arrive avec le titre d'officier, en uniforme, une plume au chapeau et le sabre au côté. Est-il possible de se rien figurer de plus beau?

— En effet, dit Bob, avec son calme accoutumé, en posant sa ligne près de lui et en regardant

Gustave moitié ironiquement, moitié avec compassion. Vous me permettrez, monsieur Gustave, en qualité de compagnon d'enfance, de vous dire franchement ce que je pense. Vous êtes fou, fou vous resterez. Vous ne voyez rien de plus beau que d'aller jouir à Londres des plaisirs qui y attirent la jeunesse, presque toujours pour sa ruine, et la fin de tout cela sera des pleurs et des grincements de dents, puis vous regretterez la vie paisible que vous menez ici. Elle vous semble triste et monotone aujourd'hui; plus tard, elle vous semblera désirable. Je vous connais mieux que vous-même, monsieur Gustave; vous êtes un fou.

— Tu es un fou toi-même, répondit Gustave en riant aux éclats, sans s'offenser de la liberté que Bob prenait avec lui, et dont il se fût fâché en toute autre circonstance. Son cœur était trop plein de joie pour qu'il pût penser à autre chose qu'à son bonheur. Puisque tu ne te réjouis pas de cette bonne fortune, gros âne, c'est par envie. Tu ne sais donc pas que je suis officier!

— Oui, répondit Bob, je le sais; je sais que vous allez avoir un habit rouge galonné sur toutes les coutures, que vous serez dominé par les uns, ce sont vos chefs, et un objet de haine et d'envie de la part de vos subordonnés. Je remercie Dieu tous les jours de ce qu'il m'a donné une existence modeste et paisible; j'aime mieux être maître que d'être obligé de courber le dos devant des gens que je ne connais pas.

— Que dis-tu là, mon pauvre Bob ? Tu as donc perdu l'esprit ? Crois-tu que j'aille à Londres pour être le pied-plat de quelque grand seigneur ? J'y vais pour être mon maître, entends-tu ? Suis-je mon maître ici ? Puis-je, dans cette maison, faire un seul pas sans être observé par ma mère ? Je suis sûr que ses intentions à mon égard sont toutes bienveillantes et dictées par la tendresse ; mais....

— Mais ! interrompit Bob en souriant, elle veille à ce que son fils ne fasse pas trop de sottises ; ce qui lui déplaît, le gêne, l'impatiente, lui semble le despotisme le plus intolérable. Aujourd'hui le joug maternel vous pèse, vous avez soif d'en être délivré. Vous pensez peut-être qu'à Londres vous aurez, comme on dit, la bride sur le cou. Ne croyez pas qu'une fois au régiment on vous dira : Mon cher Gustave, veux-tu faire cela ? ou bien : Mon ami, tu as eu tort de faire cela. Non ; on vous dira : Monsieur, vous ne savez donc faire que des sottises ? Trois jours d'arrêts. Sortez, pas de réplique : vous êtes un mauvais soldat. Je pense que ces dures paroles vous pèseront plus sur le cœur que les tendres reproches de votre mère. Qu'en pensez-vous ?

— Tu as perdu l'esprit. Je ne conseillerais à personne de me parler comme tu le fais.

— C'est cependant ce qui vous arrivera plus d'une fois, quand même vous n'auriez pas fait la plus petite chose répréhensible. J'ai un an de plus que vous. Pendant mon séjour à Londres, j'en ai vu plus que vous n'en verrez; car, en ma qualité d'étudiant en droit, j'ai fréquenté les sociétés d'en haut et d'en bas. Vous reconnaîtrez, quand vous y serez, la vérité de mes paroles. Votre capitaine ou même votre lieutenant n'a qu'à être de mauvaise humeur, ce sera le malheureux enseigne qui portera la peine de sa disposition à la brutalité, tant pis pour lui s'il est trop près quand la bombe éclatera. Vous croyez peut-être que le service est chose facile : détrompez-vous. Le matin, quand il vous serait si doux de passer une heure de plus dans votre lit, il faudra vous lever pour aller à l'exercice, quel que soit le temps, qu'il pleuve, neige, vente, tonne, que le soleil soit brûlant ou que la bise coupe le visage; votre devoir est de former les recrues, et vous obéirez, dussiez-vous tomber de lassitude. Au lieu de vous reposer le reste du jour, il faudra recommencer l'après-dîner; un jour ressemblera à l'autre. Bientôt vous en aurez assez, monsieur Gustave; dans vos moments de désespoir vous regretterez la maison paternelle, le gouvernement pacifique qui règne ici et votre compagnon d'enfance Bob.

Les paroles de Bob, prononcées avec le calme et la gravité propres à son caractère, avaient tempéré la joie exaltée de Gustave; il resta silencieux un moment; mais sa légèreté ne tarda pas à prendre le dessus; il répondit en souriant à son ami :

— Tu exagères, mon pauvre Bob; je reconnais

à tes paroles le dépit que tu éprouves de ne pas pouvoir, comme moi, endosser l'uniforme; je comprends parfaitement cela. Tu es désolé de rester à la maison; console-toi, je ne suis pas condamné à un éternel exil : de temps à autre je reviendrai rendre visite à ma mère, et nous nous retrouverons pour chasser, pêcher et nous divertir.

Bob regarda son ami avec des yeux étonnés.

— Vous croyez donc, monsieur Gustave, que votre départ m'afflige à cause de la solitude dans laquelle il va me plonger? Ne croyez pas cela; c'est pour vous seul que j'en suis fâché; c'est par pure compassion pour vous que je m'exprime comme je le fais, avec une chaleur qui n'est pas naturelle à mon esprit tranquille. Je vois, et j'en suis très-fâché, que vous êtes même plus fou que je ne pensais.

— Bob! répliqua Gustave avec hauteur et en jetant sur son interlocuteur des regards furieux, tu oublies que je suis officier!

— Je vous dis que vous avez perdu l'esprit.

— Bob, tais-toi, ou je te ferai sentir le poids de ma colère.

Bob ne répondit que par un ricanement ironique à la provocation de Gustave. Ce dernier sentit son sang bouillonner dans ses veines, ses yeux brillèrent, et sa pétulance ordinaire menaça de prendre le dessus.

— Tu vas, lui dit-il, me demander pardon sur-le-champ; jamais je ne me laisserai insulter par personne, pas plus par toi que par d'autres.

— Vous êtes fou, vous dis-je, répliqua froidement Bob en reprenant sa ligne et le petit seau de ferblanc dans lequel il avait mis la pêche de la matinée.

Il se leva et parut disposé à s'éloigner. A cette vue, la colère de Gustave ne connut plus de bornes. Il arracha des mains de Bob la canne à pêcher, en brisa l'extrémité, et, brandissant la partie la plus grosse qu'il avait conservée dans sa main, il le menaça de l'en frapper. Une rougeur subite vint colorer le visage impassible du pêcheur. Il posa à terre le seau aux poissons, saisit le bras de Gustave et le jeta rudement sur le sol.

— Voyez-vous, monsieur Gustave, que vous êtes un fou? N'est-ce pas une folie de vouloir lutter contre plus fort que vous? Défiez-vous toujours de cet emportement, qui vous livre à la merci du plus fort, et vous met dans l'obligation de fuir avec votre courte honte. Que la leçon que vous venez de recevoir reste gravée dans votre esprit; car à Londres vous serez encore plus facilement renversé que vous venez de l'être par moi, et les conséquences en seraient plus terribles. Encore un mot, et ce sera le dernier. La profession militaire est noble et digne; l'épaulette est une honorable distinction; mais rien ne vous convient moins, jusqu'à ce que vous ayez appris à vaincre votre plus grand et plus irréconciliable ennemi, je veux parler de vous-même, qui, avec votre légèreté et cette orgueilleuse impétuosité qui vous aveugle, étouffe toutes vos bonnes qualités et en fait autant de défauts. Vous avez eu la preuve de ce que j'ai avancé avant notre discussion : le plus faible succombe toujours sous les coups du plus fort : la subordination et la discipline militaire seront plus fortes que vous. Adieu, bon voyage.

Bob, en disant ces derniers mots, s'éloigna de Gustave, qui, s'étant relevé rouge de confusion, marmotta, en le voyant partir, quelques menaces inarticulées. Quand le calme fut revenu dans son esprit, il se dit :

— Ma foi, Bob a joint la démonstration à la morale de ma mère, et l'une vaut l'autre. Ils ont raison tous deux, il faut absolument que je travaille à me modifier. Ma mère m'aime tendrement, Bob a de l'affection pour moi, malgré sa rudesse ; je ne puis nier qu'il a raison. Patience, je m'améliorerai.

Ce fut au milieu de ces bonnes résolutions qu'il retourna au logis, et fit ses préparatifs de départ.

CHAPITRE TROISIÈME.

Une nouvelle Connaissance.

Ce fut par une belle matinée d'été que Gustave quitta la demeure maternelle, après avoir pris froidement congé de son frère Henri et reçu les adieux remplis de tendresse et de douleur de son excellente mère. Il était monté sur le cheval le plus vite pour gagner la prochaine poste aux chevaux, où il devait prendre la voiture qui le conduirait à Londres. Pendant les premiers instants il chemina en silence et le cœur oppressé : il éprouvait ce sentiment de tristesse indéfinissable contre lequel personne ne peut se défendre quand on quitte pour la première fois les lieux où l'on a vu le jour, où se sont écoulées les premières et paisibles années de l'enfance. Lorsqu'il eut gravi la dernière colline qui devait faire disparaître à ses yeux les tours élancées du manoir, il sentit une larme brûlante mouiller sa paupière ; son cœur facile à émouvoir fut profondément ébranlé ; il envoya à travers l'espace un dernier adieu à sa mère, qui était sans doute à la fenêtre la plus élevée du château, et suivait des yeux la route qu'il avait parcourue en s'éloignant. En ce moment, où se taisent toutes les passions, il se promit de travailler avec persévérance à son amélioration pour mériter la tendresse de sa mère. Il se faisait des reproches intérieurs de lui avoir si souvent coûté des larmes par sa légèreté. Il lui semblait inconcevable qu'il n'eût pas eu assez de force de caractère pour ne jamais s'écarter de la voie du bien. Cette tâche lui semblait si facile, qu'il se reprochait de ne l'avoir jamais accomplie.

— Patience, se disait-il, avec l'assistance de Dieu, je triompherai de tous les obstacles, et je changerai en joie les pleurs que j'ai fait couler par mon incorrigible légèreté.

Cette bonne résolution soulagea le cœur de Gustave, il essuya ses yeux, donna de l'éperon à son cheval et descendit rapidement la colline. Le château de Westmore disparut à ses yeux, et avec lui les sentiments de repentir et d'affliction. Pourquoi donc serait-il toujours triste? L'air était si pur, le ciel si beau, la terre parée d'une si brillante verdure, le soleil était si resplendissant et les petits oiseaux sautillaient si gaîment de branche en branche, en répétant leurs petites chansons, qu'il était impossible de ne pas s'associer à cette joie universelle. Gustave respira l'air à pleine poitrine, regarda autour de lui et murmura :

— Le passé n'existe plus pour moi, il n'y a plus dans ma vie que le présent et l'avenir. Qui n'a pas, dans sa jeunesse, fait quelques mauvais tours? Pourquoi me torturerais-je pour des reproches qui ne servent à rien, quand je puis avec confiance plonger un regard dans l'avenir? Courage, mon bon cheval, tu me portes pour la dernière fois, et tu dois faire ton devoir aussi bien que tes forces le permettront. En avant! Le chemin est uni comme un miroir, il est l'image de l'avenir qui m'est réservé; je distingue déjà à travers le feuillage le clocher de la petite ville où je dois prendre la voiture de Londres. Que la vie doit être agréable dans cette ville splendide! que mes yeux vont y rencontrer de sujets d'étonnement! En avant, Bess; tu me sembles aujourd'hui plus paresseux que tu n'as jamais été.

Le cheval allongeait cependant vivement le pas; mais Gustave, dans son impatience, aurait voulu qu'il eût les ailes de l'hirondelle. Où étaient ses regrets, ses chagrins, ses résolutions généreuses? Elles avaient été emportées comme la poussière par le souffle des vents. L'esprit de Gustave était transporté à Londres, dont il se faisait un monde enchanté, et tout ce qui était en dehors de là n'avait pour lui qu'un faible intérêt.

En arrivant à la maison de poste, Gustave n'eut rien de plus pressé que de sauter à bas de son cheval écumant, et il apprit, à son grand regret, qu'il lui fallait encore attendre une grande heure. Peu s'en fallut que dans son impatience il ne prît la poste et ne dépensât dix fois le prix du voyage pour arriver plus vite. Par bonheur pour lui, la voiture était déjà chargée, et comme son uniforme était dans sa malle et que le maître de poste refusa de la lui rendre, il fut obligé d'attendre; car il ne voulait pas paraître à Londres autrement qu'en uniforme. Ce qui le consola, c'est qu'il pourrait employer en plaisirs de toutes sortes l'argent qu'il aurait follement donné pour payer une place dans une chaise de poste. Il remit son cheval à un valet d'écurie qu'il pria de le bien soigner jusqu'à ce que le palefrenier de lord Westmore fût venu le chercher. Il entra dans la salle des voyageurs, où il trouva un homme d'un certain âge qui attendait, comme lui, le départ de la voiture. Gustave jeta à peine un coup d'œil sur lui et se coucha négligemment sur un canapé en sifflant un air pour se désennuyer. Le voyageur regarda en souriant le jeune étourdi et se mit à la fenêtre, sans faire attention à un compagnon qui ne devait pas contribuer à rendre le voyage moins ennuyeux.

Gustave fut bientôt fatigué de siffler et essaya, pour tuer le temps, d'entamer une conversation avec son futur compagnon de voyage.

— Ne trouvez-vous pas, Monsieur, qu'il est fort étonnant, fort ridicule même, d'être obligé d'attendre le départ de la voiture ?

— Ceux qui sont trop pressés peuvent aller devant, répondit le vieillard en souriant; personne ne s'en formalisera; la route est belle, le temps est sûr : chacun est libre de partir quand il lui plaît.

Gustave fut piqué de cette réponse moqueuse, et il avait grande envie de se fâcher; mais l'attitude calme et digne du vieillard l'en empêcha, et il eut assez d'empire sur lui-même pour retenir sur le bord de ses lèvres une expression malséante prête à lui échapper. Comme sa tentative d'entretien avait échoué, il se contenta de tourner brusquement le dos à son interlocuteur.

Au moment où cette scène se passait, la porte s'ouvrit avec fracas, et il vit entrer trois jeunes gens qui paraissaient de sa connaissance. Il se leva du canapé et présenta la main à l'un d'eux, fit un signe de tête en manière de bonjour aux deux autres, et s'écria :

— C'est le ciel qui t'envoie ici, mon cher James; j'étais sur le point de mourir d'ennui.

— C'eût été véritablement un grand dommage que de perdre par l'ennui un jeune homme si plein d'espérance, répondit James. Dis-moi donc ce que tu attends ici.

— Le départ de la voiture de Londres. Je me rends dans cette ville, où le régiment de Seymour est en garnison ; je suis officier dans ce régiment. Bob ne t'en a donc rien dit ?

— Pas un seul mot.

Pendant cet entretien, le vieillard, qui était toujours assis près de la fenêtre, jeta sur Gustave un regard scrutateur.

— C'est une véritable bonne fortune, continua James : je vais aussi à Londres. Mon père voulait que je voyageasse dans sa voiture ; mais j'ai préféré la voiture publique. C'est pour m'amuser ce que j'en fais : on se trouve quelquefois avec de drôles de voyageurs qui vous font passer quelques heures d'agrément.

Gustave fit un signe de l'œil en désignant le vieillard assis près de la fenêtre, et chuchota :

— En voilà un ; il faut un peu nous en amuser. Il m'a fait, il n'y a qu'un instant, la plus impertinente réponse. Dès que nous serons en voiture, nous le ferons repentir de son impertinence. Tu feras chorus, n'est-ce pas, James ?

— Sans doute ; mais qu'allons-nous faire, en attendant ? Si nous faisions venir une couple de bouteilles de vin de Bordeaux ?

— Soit, répliqua Gustave, qui n'avait cependant pas l'habitude de boire de vin, ni de boissons alcooliques.

James appela le garçon et fit apporter du vin. Les deux amis en burent coup sur coup plusieurs verres. Quoique Gustave n'éprouvât aucun plaisir à boire ainsi du vin, James lui donnait si gaîment l'exemple, qu'il n'osa pas, par fausse honte, faire autrement que lui. Il faut ajouter une autre circonstance d'un grand poids, c'est que James, âgé de quelques années de plus que Gustave, lui imposait le respect. Cédant aux instances de son camarade, il but quelques verres de vin de plus qu'il n'avait la force d'en supporter, et la tête commençait à lui tourner quand on invita les voyageurs à monter en voiture. Il sortit de la salle en chancelant et serait presque tombé du marchepied si le conducteur ne l'avait pas soutenu. Il se jeta si lourdement et si maladroitement sur la banquette, qu'il donna au vieillard, près duquel le hasard l'avait placé, un coup violent dans le côté.

— Monsieur, lui dit le vieillard, prenez garde, je vous en prie : vous n'êtes pas seul dans la voiture, et mes membres ne sont ni de bois ni de fer.

— Que chacun veille à lui et s'arrange comme il lui convient; je m'assieds comme je veux, à la place que j'ai payée, et la manière dont j'en prends possession ne regarde que moi.

— Vous avez la langue légère, jeune homme, lui dit le vieillard. Quand nous nous connaîtrons mieux, vous aurez pour moi, je l'espère, plus de respect et d'égards; en attendant, je vous pardonne votre impolitesse, parce que je reconnais que, dans ce moment, il vous serait difficile de distinguer votre droite de votre gauche. Quand vous serez au régiment, on vous l'enseignera promptement, je vous en réponds.

— Je ne m'occupe pas en ce moment du régiment de Seymour et de ce qui s'y fera quand j'y serai. D'ailleurs, depuis quelle époque connaissez-vous le vieux Seymour ?

— Tout ce que je sais de lui, c'est qu'il tient, avec la plus scrupuleuse sévérité, à ce que ses jeunes officiers conservent de la tenue et de bonnes manières ; et celui qui, comme vous, parle à tort et à travers, ne jouit pas de sa faveur. Vous ne tarderez pas à vous en convaincre par vous-même, mon jeune monsieur. Jusque-là, je vous prie de me laisser en repos, je suis trop vieux pour me prendre de querelle avec des jeunes gens aussi dépourvus d'expérience que vous l'êtes. Voyez-vous, jeune homme, tenez-vous pour averti.

Le ton sévère avec lequel le vieillard prononça ces paroles intimidèrent Gustave au point qu'il ne fit aucune réponse à l'injonction si impérieuse du vieillard. Mécontent de lui-même et de tout ce qui était en rapport avec lui, il se blottit dans le coin de la voiture, et dévora en silence la confusion dont il était rempli, quoiqu'il eût, le premier, provoqué la rude leçon qu'il venait de recevoir. James souriait ironiquement, et quelques mots qu'il dit à voix basse à l'oreille de Gustave ne parurent pas avoir ramené le calme dans son esprit. Il s'agita sur son siége et se mit à remuer sa canne avec assez peu d'attention pour que, plus d'une fois, il fût près de frapper le vieillard au visage. Il paraissait vouloir, à quelque prix que ce fût, incommoder ce dernier. James faisait tout ce qu'il pouvait pour contribuer à seconder son ami dans la petite et puérile vengeance qu'il cherchait à exercer contre le vieillard. Malgré la conduite impertinente de ces deux jeunes fous, jamais ils ne purent troubler sa sérénité. Il avait pris dans la voiture la position la plus commode à son âge et il laissa, sans s'en occuper, les deux compagnons faire leur impudent manége. Comme son extérieur imposant les retenait dans les bornes du respect, il ne se préoccupait pas de ces manœuvres des cannes et des pieds, puisqu'ils ne le touchaient pas.

L'attitude impassible du vieillard, au lieu d'inspirer à Gustave le respect dû à son âge, fut interprétée par ce jeune fou comme un acte de faiblesse, et il devint assez hardi pour frapper, avec sa petite baguette, un coup sèchement appliqué sur l'épaule de son paisible compagnon de voyage. Il y avait assez longtemps que durait ce manége pour avoir épuisé la patience du vieillard. Il se tourna vers Gustave, le visage contracté par l'indignation, lui arracha la canne des mains, la brisa et en jeta les morceaux par la portière.

—Jeune homme, lui dit-il d'une voix tonnante, respectez mes cheveux blancs. Vous vous comportez comme un écolier, et non comme un jeune homme bien élevé. Un officier du roi déshonore son uniforme quand il se comporte comme vous le faites, sir Gustave Westmore. Pas de réplique, ma patience est à bout : si vous continuez à vous conduire avec une telle impertinence, à la première poste je vous fais descendre de voiture. Ayez soin, je vous en avertis, de vous tenir tranquille; car je vous promets que vous mènerez une vie rude dans le régiment de Seymour, et que vous vous en ferez chasser honteusement si vous vous conduisez comme vous le faites maintenant. N'êtes-vous pas content d'avoir causé tant de cuisants chagrins à votre bonne mère? voulez-vous lui en préparer de nouveaux, plus pénibles encore?

— Mais, Monsieur, balbutia Gustave, qui êtes-vous donc pour me parler de la sorte? Je ne comprends pas comment...

— Comment je connais votre nom, votre famille et jusqu'à vos défauts. Je vous dirai que votre noble père me comptait parmi ses meilleurs amis; le reste m'a été appris par mon fils, qui connaît votre caractère et vos qualités bonnes et mauvaises, lorsque votre mère demanda pour vous une place d'enseigne dans mon régiment; en un mot, je suis le colonel Seymour, et votre ami le capitaine William Seymour est mon fils.

Gustave pâlit en entendant le vieillard parler de la sorte, et son ami James fut aussi consterné que lui. Il se hâta de cacher sa canne, qui avait pris une part si active au manége inventé par Gustave pour incommoder le colonel, et se blottit dans son coin, où il resta aussi immobile qu'une souris dans son trou.

— Mon Dieu, se dit Gustave à lui-même, dans

quel embarras me suis-je jeté ! Qu'est-ce que William pensera de moi quand il apprendra, par la bouche de son père, comment je me suis conduit envers lui !

Le colonel Seymour contempla un instant, en silence et le sourire sur les lèvres, l'air de consternation des deux jeunes gens, sur lesquels la leçon qu'il venait de leur donner avait fait un excellent effet. Puis, à la fin, rompant le silence, il dit à Gustave :

— Allons, jeune homme, ne prenez pas trop à cœur la leçon que je viens de vous donner ; c'est au nom du souvenir de votre père que j'oublie votre étourderie. Seulement je vous invite une autre fois à avoir plus de respect pour les vieillards, quand même ils ne seraient pas vos supérieurs. J'aurai l'œil sur vous et j'ai la volonté de faire de vous un officier distingué. Vous m'avez entendu : vous savez aujourd'hui comment vous pouvez vous rendre digne de mes bontés.

Gustave reçut avec soumission cette réprimande paternelle et marmotta avec embarras quelques mots d'excuse. Pendant toute la durée du voyage, il resta, sans proférer une seule parole, dans un coin de la voiture, l'esprit occupé d'autres pensées que celles qui avaient signalé le début de son voyage, de sorte qu'il entra dans Londres beaucoup plus tristement qu'il ne se l'était imaginé.

Il descendit de voiture, courbé sous le poids de l'humiliation, et gagna tristement son hôtel. Quand il fut seul dans sa chambre, il se laissa librement aller à ses pénibles pensées.

— Quelle fatale rencontre que celle du colonel Seymour! Qui aurait pu le deviner sous ces habits modestes? Il faut une autre fois que je m'observe mieux. Je n'aurais jamais cru qu'il fût si difficile de réparer une faute qu'on a commise, lors même qu'on y apporte toute la bonne foi possible. Dieu veuille m'aider à accomplir mes bonnes résolutions.

CHAPITRE QUATRIÈME.

—

Les Suites des mauvais Exemples.

La rencontre de Gustave avec le colonel Seymour paraissait avoir produit sur son esprit une impression salutaire ; au moins, pendant les premières semaines de sa présence au corps, le jeune enseigne ne commit aucune faute ; il semblait réellement qu'il se fût amendé. Par malheur, Gustave appartenait à cette sorte de gens qui sont incapables de persévérance; il fut ensuite le jouet d'événements qui contribuèrent à le jeter hors de la bonne voie. Le temps avait fait disparaître l'impression salutaire produite par les sages et paternels avis du colonel Seymour. La honte et le repentir firent bientôt place aux mauvais penchants qu'ils avaient un instant pu réprimer.

— Je n'aurais pas dû me laisser molester, se dit Gustave. Pourquoi ne s'est-il pas fait connaître sur-le-champ ? Si je l'avais connu, je n'aurais pas manqué de le laisser tranquille ; il est donc cause de tout ce qui est arrivé, et qui l'a tant irrité.

Ces mauvaises pensées trouvèrent un appui dans quelques-uns de ses jeunes camarades, avec lesquels il avait fait promptement connaissance et qui, par malheur, ne valaient pas mieux que lui. Quand il avait fini son service, qui ne durait que quelques heures chaque jour, il allait retrouver ces jeunes gens et dépensait son argent de manière à ne trouver d'approbation ni dans ses supérieurs, ni dans sa propre conscience. Il passait à jouer et à boire des nuits entières, et il ne rentrait souvent chez lui que le matin, dans un état complet d'ivresse. Il était alors si malade, qu'il lui était impossible de faire son service, et les suites naturelles de cette conduite furent qu'il s'attira des reproches paternels d'abord, puis ensuite sévères et même humiliants. Quoiqu'il fût seul cause de ce qui lui arrivait, il ne tarda pas à se dégoûter du service. Le zèle se changea en indifférence, puis en aversion, et enfin il lui arriva ce que Bob lui avait prédit. Il commença à regretter sa mère et la liberté qu'il avait échangée contre l'esclavage de l'uniforme. Si la honte ne l'avait pas retenu, il aurait quitté secrètement le service et serait retourné dans les bras de sa trop tendre mère. Mais que lui aurait-elle dit ? Comment l'aurait-elle reçu, puisque c'était lui-même qui avait voulu la quitter pour prendre du service ? Et Bob, que dirait-il ? Comme il triompherait ! Gustave l'entendait déjà dire avec son rire ironique : Ne vous l'avais-je pas bien dit ? Pour tout au monde il ne se serait pas exposé à cette humiliation. Il resta donc au corps et y vécut au jour la journée, jusqu'à ce qu'il arrivât un événement qui donna à sa vie une tout autre direction.

Un jour, il venait de se mettre en tenue pour aller faire son service, et comme toujours, c'était à contre cœur, lorsqu'il entra une de ses connaissances qui lui proposa de venir faire une partie sur la Tamise.

— Je ne puis pas, mon cher John, je suis de service aujourd'hui, et j'étais même sur le point de partir. C'est le lieutenant Hardinge qui commande, et il ne plaisante pas. Cette promenade pourrait me coûter quelques semaines d'arrêts, et je ne pense pas qu'elle vaille la peine que je m'expose à une punition si forte.

— C'est bien dommage : tous les camarades y prennent part, toi seul y manques, et sans toi, tu le sais, nos parties sont incomplètes. Sais-tu ce qu'il faut faire ? Ecris que tu es malade, et viens avec nous.

— Oui ; mais si l'on découvre la vérité ?

— Il n'en sera que cela. Peut-être une réprimande; mais tu t'en moques. Vois donc la belle journée? Ne serait-il pas vraiment dommage que tu passasses ton temps dans la caserne, au lieu de te divertir une couple d'heures? Ton lieutenant Hardinge ne courra pas après toi pour savoir comment tu te portes; il a, je le pense, bien d'autres choses à faire.

— Il ne viendra pas, je le pense bien, répondit Gustave, déjà trop disposé à écouter la voix de la séduction, plutôt que celle du devoir; mais s'il envoyait quelqu'un?

— Tu diras à ton domestique de répondre que tu dors d'un profond sommeil et qu'il ne faut pas te déranger. L'envoyé s'en ira comme il est venu, et tout sera dit. Allons, viens.

Gustave hésita un instant, mais enfin il se décida et ferma l'oreille au cri de la conscience et du devoir. Jemmy, son domestique, fut appelé et reçut ses instructions; il promit d'exécuter ponctuellement les ordres de sir Westmore.

John et Gustave sortirent doucement par la porte de derrière de la maison et gagnèrent la Tamise, où les attendaient le marinier et quelques joyeux compagnons, qui accueillirent le nouveau-venu avec des cris de joie.

—A la bonne heure, tu es venu, Gustave, lui dirent-ils. Entre dans la barque, et au large.

Gustave hésita encore quelques instants: son cœur battait avec violence et sa conscience lui criait qu'il faisait une faute dont il ne manquerait pas de se repentir. S'il avait écouté cette voix secrète qui l'avertissait de sa faute, il serait revenu sur ses pas ; mais il obéit au génie du mal et il sauta dans la barque, qui poussa au large et gagna une île où se trouvait le lieu de réunion choisi par ces jeunes étourdis pour passer la journée.

Gustave fut d'abord silencieux ; il ne pouvait prendre sur lui-même de se laisser aller à cette disposition joyeuse sans laquelle il n'y a pas de vrai plaisir. La conscience d'avoir manqué à son devoir empoisonnait chez lui toute gaîté Le ciel avait beau être du plus bel azur, le soleil éclatant, le rivage couvert d'une épaisse verdure, tout ce qui aurait pu le porter à la joie ne pouvait dissiper les nuages qui assombrissaient son esprit. Les railleries de ses camarades, qui ne lui épargnèrent ni brocards, ni plaisanteries, pour triompher de sa disposition rêveuse, finirent par étouffer les tristes sentiments qui le préoccupaient ; il réussit à dominer toutes les pensées sinistres qui étouffaient sa joie et se livra à une gaîté exagérée qui ne partait pas de son cœur et ne put cependant y ramener le calme. Tout ce qu'il put faire fut de tromper ses camarades sur le véritable état de son esprit, et de faire cesser leurs taquineries.

Au bout d'une heure de navigation, on aborda ; les joyeux compagnons descendirent de la nacelle et cherchèrent un endroit ombragé pour s'y livrer au plaisir sans être troublés.

Gustave, excité par ses camarades et plus encore par le vin, qui ne fut pas épargné, finit par chasser de son esprit toute pensée importune. Il ne tarda pas à se livrer aux accès d'une folle joie, et finit par rire lui-même de ses scrupules.

— Ce qui est fait est fait, s'écria-t-il dans sa légèreté. Le monde ne périra pas parce que j'ai fait une sottise.

Le jour approchait de sa fin, le soleil était sur le point de se coucher, et Gustave et ses compagnons s'ébattaient, au milieu des éclats de rires les plus bruyants, sous les arbres qui protégeaient la société de leur épais feuillage. Gustave affectait d'être plus joyeux que les autres ; il chantait plus haut, riait plus fort, et faisait mille folies. Ses yeux brillaient, ses joues étaient colorées de pourpre, il semblait inépuisable dans ses saillies, qui arrachaient des applaudissements frénétiques à ses camarades.

Ils étaient trop occupés pour s'apercevoir qu'un jeune officier s'approcha d'eux, fit d'un regard rapide l'inspection de tous les visages. Tout à coup la surprise se peignit sur ses traits, et il s'approcha.

John, qui l'aperçut le premier, dit bas à l'oreille de Gustave, qui était assis près de lui :

— Vite, décampe : voilà le lieutenant Hardinge, qui ne paraît pas flatté de te voir ici, toi qu'il croyait dans ton lit.

Gustave leva les yeux et rencontra les regards sévères de son chef. Il pâlit, rougit, se leva précipitamment, et il allait s'éloigner quand le lieutenant Hardinge lui fit signe de rester.

— Sir Westmore, lui dit-il sèchement, je suis honteux pour vous. Vous avez menti, et, ce qui est pis encore, vous avez négligé votre devoir. En vérité, vous n'êtes pas digne de porter l'uniforme du roi, vous le déshonorez. Retirez-vous, Monsieur; demain nous nous expliquerons.

La honte, la colère se livrèrent un rude combat dans l'esprit de Gustave. Il était anéanti, et il se serait sans doute éloigné sans proférer une parole, si John ne lui eût pas dit à l'oreille :

— Cela, je le pense, ne se passera pas ainsi; vois comme tes camarades se rient de toi. Réplique vertement au lieutenant. Il n'est pas de service et n'a pas le droit de t'humilier comme il vient de le faire.

— Eh bien! Monsieur, dit le lieutenant en voyant Gustave hésiter à s'éloigner, vous ne serez pas, je le pense, assez audacieux pour me braver?

Gustave leva les yeux, jeta un regard sur ses camarades, et ne rencontra que des figures ironiques et des sourires moqueurs. Son cœur bondit d'indignation, il ne pouvait souffrir d'être traité comme un écolier en présence de ses camarades, et il craignait plus leurs railleries que la juste sévérité de son supérieur.

— Laissez-moi tranquille, lieutenant Hardinge, lui répondit-il d'un air hautain. Vous n'avez pas ici d'ordres à me donner et je n'ai pas à en recevoir de vous. Pendant la durée du service, c'est autre chose ; mais ici je ne veux pas souffrir que vous vous mêliez de ce qui ne vous regarde pas.

— Bravo! bravo! s'écrièrent ses camarades ; attrape, lieutenant!

Puis ce furent des éclats de rires moqueurs, qui mirent hors de lui M. Hardinge. Il s'avança vers Gustave, pâle de colère, et lui dit :

— Vous êtes, Monsieur, je vous le répète, une honte pour le régiment. Si vous ne vous retirez pas sur-le-champ, sur-le-champ, vous m'entendez? je vous fais mettre aux fers aujourd'hui, et demain je vous traduis devant un conseil de guerre. Retirez-vous, misérable menteur!

Soit par suite de l'indignation que lui causa cette humiliante apostrophe, soit les vapeurs du vin ou les excitations de ses camarades, Gustave se laissa entraîner à commettre une action qui lui ferma pour toujours la carrière militaire. Le lieutenant Hardinge n'avait pas achevé de prononcer ces dernières paroles que Gustave lui appliqua un vigoureux soufflet.

L'officier indigné poussa un cri de rage et tira son épée du fourreau pour tirer sur-le-champ vengeance de cet outrage.

Gustave, qui comprit la gravité de sa position et qui se décida à braver les conséquences de son action, porta la main à son épée et attendit son adversaire de pied ferme.

Par bonheur, ses camarades se jetèrent entre

lui et l'officier si gravement outragé, et l'empêchèrent de faire usage de son arme. Ils comprirent, mais trop tard, que Gustave avait été trop loin. Ils cherchèrent à apaiser le lieutenant Hardinge; mais ils ne purent y parvenir. Tout ce qu'ils purent obtenir fut que cet officier, qui comprit l'inutilité de ses efforts pour punir Gustave sur le moment même où l'outrage venait d'avoir lieu, s'éloignât en jurant qu'il ne prendrait pas de repos que cet imprudent jeune homme, qui osait porter la main sur ses chefs, n'eût été traduit devant un conseil de guerre, puni suivant la rigueur du corps militaire, et honteusement chassé du corps.

Les compagnons de Gustave ne commencèrent à respirer que quand ils eurent vu le lieutenant loin d'eux. Quant à sa menace, ils espéraient qu'elle n'aurait pas de suites, et que Gustave saurait en prévenir les effets.

— Ne crains rien, dit John à Gustave. Nous avons tous été témoins de l'injure qui t'a été adressée par Hardinge, et nous te donnons notre parole que nous ne te laisserons pas dans l'embarras. Il est évident que demain le lieutenant pensera autrement, et un mot de conciliation de toi mettra fin à ce différend. Viens, et ne pense plus à tout cela.

Gustave fit tout ce qu'il put pour prendre la chose du bon côté, et il reprit le ton de gaîté qu'il avait avant cette scène; il ne put cependant pas recouvrer sa sérénité; on voyait clairement que sa joie était forcée. Du reste, l'événement de la soirée avait produit sur toute la société une impression trop profonde pour qu'elle pût elle-même donner le ton de la joie.

On ne tarda pas à se séparer et l'on retourna à Londres dans une disposition tout autre que celle du matin. Gustave était devenu morne et silencieux. Quand son sang fut refroidi, il comprit toute la gravité de la faute qu'il avait commise et sentit quelle influence elle pourrait avoir sur son avenir. Il se prit encore une fois à maudire sincèrement sa légèreté et son emportement.

— Comment cela finira-t-il? se dit-il à lui-même quand il eut quitté ses camarades et repris à pas lents le chemin de sa maison. Comment cela finira-t-il? répéta-t-il en se couchant, et au milieu de ses vains efforts pour goûter un sommeil qui fuyait sa paupière. Comment cela finira-t-il? fut sa première pensée du lendemain, et il comprit sa position plus clairement encore que la veille. Ma pauvre mère! quel chagrin elle va éprouver quand elle apprendra à quelle action coupable je me suis encore laissé entraîner par la véhémence de mon caractère! Pourquoi n'ai-je pas écouté ses conseils? Pourquoi ses sages avis sont-ils demeurés stériles pour moi? Je comprends, mais trop tard, que la légèreté peut avoir des conséquences plus funestes que la perversité du cœur. Je jure que si, cette fois encore, je puis détourner les conséquences qui me menaçent, jamais je ne me laisserai entraîner à de semblables fautes. Ce sera la dernière fois que je commettrai des actes d'irréflexion, dont le repentir est amer.

Telles étaient les pensées de Gustave, qui regrettait cette fois, plus que jamais, la faute qu'il avait commise ; mais son repentir était trop tardif. Il n'était pas encore habillé, que parut un détachement de soldats pour l'arrêter. Gustave fut conduit en prison ; et là, il eut tout le loisir de songer à son aise aux suites de sa faute et de prendre de bonnes résolutions pour l'avenir.

Il comparut devant un conseil de guerre, et, après une courte procédure, fut rayé des contrôles de l'armée pour cause d'offenses envers son supérieur. Il ne dut cette sentence paternelle qu'à l'intervention généreuse du colonel Seymour et à la conduite dure et offensante du lieutenant Hardinge, qui l'avait provoqué par ses paroles outrageuses. Gustave fut mis en liberté et retourna chez lui le cœur brisé et l'esprit abattu par les plus tristes réflexions.

l'avenir. Je suis disposé à te servir de second et à porter ton cartel à ce drôle.

— Mais..., dit Gustave.

— Il n'y a pas de mais, interrompit vivement John. Moi et tous tes amis nous te regarderons comme un lâche, si tu ne donnes pas une leçon à cet impertinent. Si cependant ta timidité ou un lâche amour de la vie te retient, eh bien ! n'en parlons plus.

John, en disant ces paroles, prit un air si dédaigneux, qu'il excita la colère de Gustave. Quelle qu'eût pu être sa faute, ce n'était pas une lâcheté qu'il avait commise, et dans sa poitrine battait un cœur plein de courage et de résolution.

— Ne parle pas ainsi, mon cher John, dit Gustave avec abattement. Il n'est pas question de crainte; mais je pense que le lieutenant Hardinge, qui aurait pu agir envers moi avec plus de modération, n'a fait au reste que son devoir. L'offense que je lui fis en présence de témoins était trop sanglante pour qu'il pût la laisser passer.

— Eh bien ! s'il ne le pouvait pas, il fallait qu'il te demandât raison, son honneur eût été satisfait; il n'avait pas besoin de te faire chasser du service; c'est ce que je blâme en lui, et ce dont il faut que tu te venges.

— Fais ce que tu voudras, s'écria Gustave; il m'est égal de me battre ou non avec lui.

— S'il t'est égal de te battre ou non, tes amis regardent la chose d'un autre œil que toi, et ils te mépriseraient si tu ne demandais pas satisfaction à celui qui t'a si gravement offensé.

— Va le trouver et arrange l'affaire comme tu le jugeras le plus convenable.

John partit en toute hâte et revint bientôt annoncer à Gustave que le lieutenant Hardinge acceptait le cartel et était disposé à cinq heures à se battre avec lui. Le lieu choisi pour le combat était justement celui où l'offense avait eu lieu.

— Tant mieux, s'écria Gustave; plus tôt l'affaire sera arrangée, mieux cela vaudra; car je ne puis rester longtemps ici.

— Où veux-tu aller? lui demanda John.

— Près de ma mère, répondit Gustave; elle sera sans doute très-contrariée du motif qui me ramène près d'elle; mais je saurai l'apaiser et j'espère à l'avenir mener une conduite plus sage.

John sourit ironiquement et paraissait assez disposé à donner des conseils d'autre nature à son jeune ami; mais Gustave, qui avait, en ce moment. le cœur plein de repentance, n'etait pas d'humeur à l'écouter, et il se tut. Cependant il lui fit comprendre qu'il avait un autre parti à prendre.

— Ne parlons pas de cela, mon cher John; le duel que vous m'avez tous imposé, et auquel je ne pensais pas, sera certainement ma dernière folie. Encore ne l'accepté-je que pour vous prouver que je n'ai pas peur. Allons, laisse-moi, et puisque c'est toi qui t'es chargé des détails de cette affaire, aie soin que tout soit prêt. Si tes préparatifs sont faits, je te suis.

CHAPITRE CINQUIÈME.

Nouvelle Imprudence.

— Gustave, si j'étais à ta place, je ne voudrais pas que les choses se passassent ainsi, lui dit John, après avoir appris de sa bouche les détails de ce qui s'était passé. La conduite du lieutenant Hardinge est répréhensible au delà de toute expression ; tu aurais tort de laisser là cette affaire. Comment! ce sera impunément qu'il t'aura offensé de la manière la plus sanglante en présence de tes amis! et quand tu t'es mis envers lui en état de légitime défense, il te fait traduire devant un conseil de guerre, au lieu d'arranger le différend d'une manière honorable! Ce serait pour toi une honte de laisser tomber cette affaire sans exiger de lui une réparation. Crois-moi, appelle-le en duel, et donne-lui une bonne leçon, afin qu'il soit plus sage à

John partit et laissa Gustave livré à ses pensées. Il était mécontent de lui-même et regrettait de s'être laissé persuader qu'il fallait qu'il acceptât ce duel, bien qu'il fût décidé à aller jusqu'au bout, puisqu'il avait provoqué le lieutenant. Il n'avait pas jusque-là songé aux suites de cette rencontre ; mais quand il fut seul, il se prit à réfléchir aux conséquences de ce duel, et cette pensée le faisait frémir. Si j'ai le malheur de tuer mon adversaire ou de le blesser dangereusement? Si j'étais tué? Ces deux pensées lui faisaient dresser les cheveux sur la tête. Quel que fût le résultat de cette lutte, il ne pouvait que lui être défavorable. Vainqueur, il était obligé de s'expatrier pour échapper à la rigueur des lois ; vaincu, quel chagrin ne préparait-il pas à sa mère! En réfléchissant à ce duel, il trouvait que cette coutume barbare était un véritable sacrilége, que c'était offenser Dieu que de jouer ainsi sa vie et celle de ses semblables, car la loi divine improuvait ce préjugé déplorable. Avec quel plaisir il eût retiré sa provocation. Mais il était trop tard. Il lui vint à l'esprit de fuir et d'écrire au lieutenant Hardinge pour lui faire connaître les motifs de sa résolution, sans s'occuper de l'opinion de John et de ses camarades. Mais cette bonne pensée, qui lui était inspirée par sa conscience et par un retour sur lui-même, était combattue par une autre pensée, contraire à l'esprit de la religion : l'orgueil humain se dressait devant lui et lui représentait l'épithète de lâche appliquée à son nom comme une flétrissure. Cette idée l'empêcha de donner suite à ses bonnes résolutions. Après avoir longtemps roulé mille idées contradictoires dans son esprit, il se décida à essuyer bravement le feu de son adversaire et à décharger son pistolet en l'air. Cette résolution fit rentrer le calme dans son esprit, et il ne pensa plus au duel qui allait avoir lieu. Il écrivit cependant quelques lettres à sa mère pour lui demander pardon de tout ce qu'il avait fait, en lui exprimant sincèrement qu'il éprouvait du repentir de lui avoir préparé tant de chagrins; mais que, dans les circonstances actuelles, il ne pouvait pas agir autrement qu'il ne l'avait fait, et terminait en l'assurant que cette faute était la dernière; qu'il s'appliquerait dorénavant, s'il survivait, à lui épargner de nouveaux chagrins. Il cacheta cette lettre, et mit dessus l'adresse de lady Westmore, afin que, dans le cas où il viendrait à être tué, elle lui fût envoyée. Quand il eut fini, il crut avoir fait tout ce qui était en son pouvoir pour concilier l'honneur et le devoir, et il attendit avec un calme forcé l'heure du combat, qui devait être fatal pour l'un des deux, si son pressentiment ne le trompait pas.

Sa consolation et la cause de la tranquillité dans laquelle il se trouvait étaient celles que tous les hommes d'un caractère léger invoquent pour ramener le calme dans leur cœur, quand un danger les menace; ils se fient à leur bonne fortune et font taire le cri de leur conscience en disant: Bah! tout ira bien. Gustave raisonnait de même; il se disait à lui-même : « Tout ira bien, » et il ne se préoccupait plus des suites de cette fatale rencontre.

Quelques instants avant quatre heures, John vint le chercher avec quelques jeunes gens de sa connaissance. Tous paraissaient joyeux, ils semblaient regarder ce duel comme une partie de plaisir destinée à leur faire passer agréablement quelques heures. Ils firent l'éloge de la résolution de Gustave, tournèrent son adversaire en ridicule et lui donnèrent plusieurs conseils pour ne pas le manquer.

— Quant à ces conseils, gardez-les pour vous, leur répondit Gustave; je n'ai nullement envie de tuer le lieutenant Hardinge, et je n'ai voulu, en acceptant ce duel, que vous prouver que c'est à tort que vous révoquez mon courage en doute. Si John ne m'avait pas tourmenté comme il l'a fait, je n'eusse pas pensé à me battre avec Hardinge.

— C'est une folie, s'écria un des faux amis de Gustave. Comme tu sais que tu le manqueras, faute d'avoir voulu t'exercer au tir, tu veux trouver une excuse pour ta maladresse.

— Je ne sais pas tirer! dit Gustave en se redressant fièrement. Je vais, sur-le-champ, vous prouver que je tire aussi bien, sinon mieux que le plus habile d'entre vous. Donne-moi un pistolet, John. Est-il chargé?

— Oui, il l'est.

— Tenez, reprit Gustave en conduisant ses

amis à une fenêtre qui avait vue sur un jardin.

— Il choisit un petit arbre éloigné de trente pas.

— Désignez-moi une feuille de cet arbre, et je parie que je l'abats.

— C'est impossible, s'écrièrent-ils tous.

Et ils lui désignèrent une feuille plus pour l'humilier et le punir de sa présomption que dans la persuasion qu'il la couperait. Gustave était un habile tireur, sûr de son coup. Il ajusta la feuille et tira.

— Parbleu! il l'a coupée, s'écria John. C'est un hasard.

Gustave rechargea son arme, désigna une autre feuille et la coupa comme il avait fait de la première.

— Vous voyez, leur dit-il, d'un air triomphant, que vous aviez tort de douter de mon adresse. Je touche où et quand je veux.

— Allons, c'est vrai, répondit John, tu as du coup d'œil et de la main ; mais c'est autre chose de tirer sur un homme. Quand Hardinge sera devant toi, ta main tremblera, et tu ne serais pas alors capable de toucher un cheval.

— C'est vrai, s'écrièrent tous les autres; avec un peu d'habitude, on peut couper d'un coup de pistolet la feuille d'un arbre; mais un homme, c'est tout autre chose.

Gustave devint rouge de dépit.

— Il vous faudrait donc une preuve? s'écria-t-il.

— Certainement, reprit John, et tu en as l'occasion. Une petite leçon ne ferait pas de mal à Hardinge ; c'est lui qui est cause que tu es chassé du service. Il t'a publiquement traité de menteur, d'imposteur. Il faut réellement que tu aies, mon pauvre Gustave, une nature de mouton pour supporter tout cela sans en tirer vengeance.

— Oui, il mérite une punition. Personne ne pourra rien te dire si tu le blesses sans le tuer. Laisse-lui seulement un souvenir de toi : abats-lui le bout du nez, fais-lui un petit trou dans le bras ou dans toute autre partie du corps; mais ne le laisse pas partir avec impunité. Tu n'auras pas assez de sang-froid pour être maître de ta main.

— Vous croyez ? s'écria Gustave avec véhémence; vous verrez. Je ne veux pas le blesser, bien qu'il l'ait mérité outre mesure, mais je veux lui couper l'épaulette de l'épaule gauche, pour lui causer une petite frayeur. Soyez sûrs de cela.

— Oui, si tu peux, s'écrièrent tous les autres, en riant avec ironie.

— Vous verrez, vous dis-je, répondit Gustave avec humeur. Allons, partons; il ne faut pas laisser notre adversaire nous attendre.

Quand ils arrivèrent dans l'île, Hardinge n'y était pas encore. Il parut bientôt avec un second et un chirurgien. Il salua son adversaire avec courtoisie et pria son second de se hâter de faire ses dispositions pour qu'il fût bientôt mis un terme à cette affaire.

Pendant que les seconds s'entendaient entre eux

sur les conditions du combat, les amis de Gustave lui dirent qu'il fallait intimider son adversaire, qui devait, comme ayant été provoqué, tirer le premier; car, s'il le touchait, c'en était fait de la plaisanterie qu'on s'était proposée, tandis que, s'il avait une preuve de son adresse, il éprouverait un trouble qui ferait trembler sa main. Gustave saisit un des pistolets et fit tomber à ses pieds une hirondelle qui passait au-dessus de sa tête. Il jeta les pistolets loin de lui et dit, en souriant, au lieutenant Hardinge, que cette preuve de la sûreté du tir de son adversaire avait fait légèrement pâlir :

— Vous voyez que j'ai la main exercée; ainsi, ne me manquez pas, parce que, si vous me laissez tirer, vous êtes un homme mort.

— C'est ce que la suite nous apprendra, répondit Hardinge avec une assurance forcée.

Et il tourna le dos à son adversaire, comme s'il éprouvait la plus complète indifférence. Mais Gustave remarqua en lui une certaine émotion, et il dit à ses camarades :

— Tout va bien, je suis sûr qu'il ne me touchera pas.

Quand tous les préparatifs furent terminés, les deux seconds des combattants les invitèrent à prendre place; ce que tous les deux firent avec le plus grand sang-froid. Le lieutenant Hardinge était fort pâle, tandis que Gustave était un peu plus sérieux que de coutume. Le coup partit, et la balle passa si près de l'oreille de Gustave, qu'il l'entendit siffler. Il conserva son sang-froid, quoique son visage devînt subitement couvert d'une certaine pâleur. C'était à lui de tirer : il prit le pistolet d'une main incertaine. Au moment où il levait le bras, Ned, un de ses amis, qui les avait suivis sans qu'ils s'en fussent aperçus et qui comprit toute la gravité de ce qui allait se passer, alla à lui et lui dit :

— Gustave, ne le touche pas ; tu paierais cher ton adresse ; je t'en supplie, ne joue pas avec la vie de ton semblable. La religion, ajouta-t-il en lui prenant les mains, réprouve la coutume barbare de se venger de ses propres mains. Jésus-Christ mourant, abreuvé d'outrages, ne pardonna-t-il pas à ses ennemis ? Ne nous a-t-il pas recommandé l'oubli des injures ? Et tu songes, toi, à te venger d'un homme qui a pu abuser de son autorité, mais qui ne faisait que remplir un devoir ! Toi, n'étais-tu pas en faute ? N'avais-tu pas préféré le plaisir à l'accomplissement d'une mission que tu avais sollicitée ? N'avais-tu pas juré obéissance à tes chefs ? Où est cette subordination, si la moindre observation t'irrite ? Tu reproches à M. Hardinge la dureté avec laquelle il t'a parlé, et tu as éprouvé, dis-tu, une humiliation profonde à être traité comme esclave devant tes camarades. Mais toi, Gustave, combien de fois ne t'ai-je pas vu abuser de ton épaulette et parler à tes subordonnés avec la plus insultante hauteur ! Compare ta conduite à la sienne, et tu verras qu'il n'a fait que ce que tu as toi-même fait cent fois, et sans des motifs aussi justes. Rentre en toi-même, et va tendre la main à celui que tu as offensé. Si tu m'en crois, avant de donner suite à cette affreuse résolution, digne d'un cannibale, viens avec moi prier au pied des autels : le Seigneur fera descendre dans ton cœur le repentir et le pardon, et tu iras te jeter dans les bras d'Hardinge, qui ne te repoussera pas.

— Arrière ! s'écria John, en prenant Ned par le bras et l'éloignant de Gustave. N'écoute pas ce bavard. Tire hardiment, il ne t'a pas ménagé. Puis il lui dit tout bas : Si tu ne tiens pas ta parole, tu te rendras ridicule. Allons, du courage !

— Eh bien ! que la volonté de Dieu soit faite, s'écria Gustave, en levant le bras.

Mais, au moment de presser la détente, il laissa retomber son bras. Il avait la vue trouble et la main lui tremblait. L'avertissement de Ned avait profondément pénétré dans son esprit. Il aimait mieux être pour ses amis un sujet de raillerie que de faire une mauvaise action. Il était même bien décidé à décharger son pistolet en l'air, lorsque le lieutenant Hardinge donna à sa volonté une tout autre direction.

— Eh bien ! lui dit-il, vous déciderez-vous ? Il y a assez longtemps que j'attends.

L'air de supériorité avec lequel son adversaire prononça ces paroles irrita Gustave.

— Eh bien ! puisqu'il le veut, qu'il soit satisfait.

Un moment après, le coup partit : l'épaulette gauche du lieutenant vola en pièces, et Gustave s'écria, en jetant son arme loin de lui :

— Allons, je crois qu'il en a assez.

— Oui, assez, balbutia Hardinge en faisant quelques pas en avant et s'affaissant subitement sur lui-même.,

Gustave, épouvanté, et dans l'esprit duquel toute haine avait disparu, jeta les yeux sur son adversaire, et, voyant un flot de sang s'échapper de sa poitrine, s'écria avec effroi :

— O mon Dieu ! je ne voulais pas vous blesser. Dites-moi, monsieur Hardinge, êtes-vous grièvement blessé ?

— Mortellement, répondit d'une voix faible le lieutenant, dont le visage portait déjà les empreintes de la mort.

— O mon Dieu ! comment ai-je pu faire ? J'étais si sûr de mon coup, s'écria Gustave avec un accent de douleur qui annonçait la vérité des sentiments qui l'agitaient. Il se jeta sur le corps du blessé et couvrit ses mains de baisers et de larmes.

Le chirurgien le repoussa vivement, ouvrit l'uniforme d'Hardinge, déchira la chemise du blessé et mit à nu une petite blessure par laquelle le sang coulait comme un ruisseau.

Gustave était anéanti : il se tordait les mains et s'écria avec l'accent du désespoir :

— O Ned ! que n'ai-je suivi tes conseils ! Oui, tu avais raison, j'aurais bien dû écouter ta sagesse. Hardinge, pardonnez-moi, je ne voulais pas vous blesser.

John et ses amis essayèrent vainement de le calmer; ils ne réussirent qu'à l'éloigner du lieu où gisait le corps de sa victime. Gustave se laissa tomber sur le gazon, et se laissa aller à une douleur si vive, que le second de son adversaire, qui l'avait dans le principe traité avec un muet mépris, en fut touché.

— Tranquillisez-vous, lui dit-il avec compassion : peut-être la blessure n'est-elle pas si grave qu'elle paraît. Que cet accident terrible soit pour vous une éternelle leçon; ne jouez pas avec la vie de vos semblables; c'est un jeu impie, qui vous attirerait la malédiction du ciel. Mais voilà le chirurgien qui a sondé la blessure et pourra nous rassurer.

Gustave courut à lui.

— Vit-il ? s'écria-t-il d'une voix tremblante.

— Il vit, répondit le chirurgien avec plus de douceur ; mais Dieu seul sait s'il sera possible de le sauver; quant à moi, j'ai peu d'espérance. La balle a rencontré la plaque de l'épaulette, et, au lieu de passer outre, elle a pris une autre direction et a percé la poitrine du pauvre Hardinge.

— O mon Dieu ! est-ce possible ! Ce serait pour moi une grande consolation; car je ne voulais pas toucher Hardinge, mais seulement briser son épaulette.

— Cette circonstance atténue un peu votre

faute, répondit le chirurgien; vous pouvez, pour la tranquillité de votre conscience, être assuré que je n'ai dit que la vérité. La blessure faite par la balle va de haut en bas; ce qui n'est possible qu'en admettant qu'elle a touché le métal de l'épaulette qu'elle a brisée. Si votre intention a été de frapper l'épaulette d'Hardinge, je suis fâché que votre but n'ait pas été rempli. Le pauvre Hardinge aura seulement de la peine à s'en tirer.

En entendant ces dernières paroles, Gustave laissa échapper un soupir; il se prit serieusement à maudire le duel et les suites de sa légèreté. Ses amis eurent toutes les peines du monde à le tranquilliser. Il voulait à toute force voir encore une fois Hardinge et implorer son pardon; mais, pour épargner au blessé des impressions vives et pénibles, le chirurgien ne voulut pas le permettre. On fut obligé de retenir violemment Gustave jusqu'à ce qu'Hardinge, mis à bord d'une barque, eût été emmené loin du lieu du combat. Ce fut alors seulement qu'on put le livrer à lui-même, et ce fut le chirurgien lui-même qui fut obligé de lui prodiguer des consolations.

— Je puis vous assurer, lui dit-il, que je peindrai à Hardinge votre repentir dans les termes les plus vifs, et je suis certain de vous obtenir son pardon. Vous ne pouvez rien espérer de plus. Songez maintenant à votre propre sûreté et fuyez de ce pays, où vous pouvez à chaque instant tomber aux mains de la justice, qui vous traitera avec la dernière rigueur. Mais n'oubliez pas que je vous donne ce conseil dans l'espérance que vous vous améliorerez. A l'avenir évitez de vous laisser entraîner par votre caractère, qui est porté à la légèreté et à l'orgueil. Vous voyez les maux qu'entraîne à sa suite une faute d'abord sans importance. Réfugiez-vous en France ou en Allemagne ; car vous n'êtes plus en sûreté ici.

— Cependant je ne veux pas m'éloigner sans savoir si la vie d'Hardinge est en danger.

— Vous le saurez, si vous me faites connaître le lieu de votre retraite; mais fuyez, il est temps, ne perdez pas une minute.

Gustave résistait encore ; mais il fut entraîné par ses amis; il était dans un tel état d'abattement, qu'il ne s'aperçut pas de ce qui se passait autour de lui. Une fois arrivé chez lui, tous ses amis s'éloignèrent sans s'occuper de ce qui pourrait lui arriver, à l'exception de Ned, celui-là même qui lui avait donné le conseil de ne pas tirer. Il s'occupa de lui, lui donna de l'argent, lui promit d'instruire sa mère de ce qui venait de se passer et l'accompagna jusqu'à un navire qui était sur le point de lever l'ancre et était chargé de marchandises et de passagers pour la France.

Il le livra alors aux soins du capitaine et à ses propres réflexions, qui étaient loin d'être gaies. Il resta sans mouvement dans la cabine que le capitaine lui avait assignée, passa plusieurs heures dans un état d'immobilité, les yeux sans cesse fixés à la même place et ne laissant échapper de ses lèvres d'autres exclamations que celles-ci :

— Malheureux que je suis ! voilà les suites de ma légèreté ! Il me faut, comme un meurtrier, m'éloigner de ma patrie, abandonner ma mère, que peut-être je ne reverrai jamais. Pourquoi donc ai-je été assez délaissé par la Providence pour qu'elle ait permis que je commisse un tel crime ! Malheureux que je suis ! Dieu m'a puni, et justement puni. Hélas ! que n'ai-je suivi les conseils de Ned ! Si j'étais allé trouver un prêtre, que j'eusse déposé dans son sein les douleurs qui déchiraient ma poitrine, que je lui eusse confié l'état de mon cœur, il eût arrêté mon bras prêt à frapper, et je n'aurais pas aujourd'hui à fuir comme un homicide. Tel est le sort de ceux dont le Seigneur se retire : j'ai fui la société des hommes pieux, depuis que je suis arrivé à Londres ; je me suis enivré du poison de l'orgueil, et le Seigneur m'abaisse ; il me montre tout le néant de ma misérable vanité. O mon Dieu ! je vous remercie, au milieu de mes afflictions, d'avoir ouvert mon cœur au repentir.

Ainsi parlait Gustave ; en ce moment, il maudissait sa légèreté et il voyait sans cesse se dresser devant lui l'image sanglante de celui qu'il avait frappé. Le visage pâle d'Hardinge, ses lèvres déjà contractées par la mort le suivaient partout, même dans ses rêves, et il s'éveillait en sursaut en s'écriant :

— O mon Dieu ! pourquoi m'avez-vous abandonné?

CHAPITRE SIXIÈME.

—

La Bastille.

Deux années s'étaient écoulées depuis que Gustave avait reçu cette terrible leçon, lorsqu'un soir, cinq à six jeunes officiers étaient réunis dans un charmant bosquet, à une demi-lieue à peine de Paris. Ils parlaient, comme c'est la coutume en France, du roi et des affaires de l'État, et ils trouvaient beaucoup à redire à tout ce qui se passait. Il y avait parmi eux un jeune homme de dix-huit ans qui ne cessait de parler du roi, des ministres, des conseillers.

— Si j'étais roi un seul jour, s'écria-t-il, je chasserais loin du pays ces mauvais conseillers, et je commencerais par MM. les ministres. Mais qu'y faire? Le roi n'est pas plus sage qu'eux, et les choses n'en iront pas mieux pour cela.

— Écoute, Westmore, observe tes paroles, dit Armand Plessis, qui, à en juger par l'uniforme qu'il portait, servait dans le même régiment que le discoureur. Toutes ces choses peuvent se dire entre amis, quand on n'a pas de trahison à redouter; mais il ne faut pas oublier qu'ici les murs et peut-être même chaque feuille ont des oreilles.

— Si je savais cela, répondit le jeune homme avec vivacité, et que je pusse surprendre ces oreilles qui savent si bien écouter, je les abattrais d'un coup de sabre, sans miséricorde. Non, je ne crains pas de semblables oreilles, et je puis répéter tout haut, de manière à être entendu de chacun, qu'en France tout ce qui appartient au gouvernement est bien loin de mon pays. Le peuple est bon, mais le gouvernement ne vaut rien.

— C'est pourtant à ce gouvernement contre lequel tu parles tant, et en de si mauvais termes, que tu dois la position que tu occupes dans notre régiment, répliqua Armand, tandis que les autres le regardaient d'un air sombre; c'est pourquoi tu devrais bien imposer le silence à ta langue.

Le visage de Westmore se couvrit d'une rougeur subite, il répondit vivement :

— Si j'avais su qu'en me donnant l'épaulette et l'épée, on eût prétendu me priver de la liberté de la parole, je n'aurais accepté ni l'une ni l'autre. Je suis Anglais, et je me rendrais méprisable à mes propres yeux si je n'exprimais pas nettement ma pensée.

Armand allait répliquer et la discussion menaçait de s'envenimer, lorsqu'un vieil officier qui venait d'arriver le prévint et lui dit gravement :

— Pas de disputes, camarades; nous savons tous que Westmore, dont j'apprécie les bonnes qualités, ne pèse pas toujours ses paroles. Son inconséquence ne doit pas nous fâcher contre lui, d'autant plus que nous n'avons parmi nous aucune trahison à craindre. Oubliez votre différend et parlons d'autres choses.

La vivacité avec laquelle les deux jeunes gens avaient discuté s'évanouit bientôt, et ils se donnèrent une bonne et cordiale poignée de main. On parla alors de chiens et de chevaux, et, au bout de cinq minutes, personne ne pensait plus au sujet qui avait failli amener la désunion parmi eux.

Un d'eux cependant n'oublia pas ce qui s'était passé, quoiqu'au fond il n'y attachât qu'une importance médiocre, non plus qu'aux paroles imprudentes que Gustave avait prononcées contre le roi et ses ministres.

Tandis que les jeunes officiers causaient gaîment de sujets moins sérieux que la politique, le feuillage frémit, et l'on vit s'éloigner du berceau une ombre qui n'appartenait pas à la compagnie. L'inconnu s'éloigna sur la pointe du pied, et quand il fut hors de portée et sûr de n'avoir pas été aperçu, il se frotta les mains et se dit à lui-même, mais si bas, que personne ne pouvait l'entendre.

— Voilà certes une révélation que M. le ministre ne manquera pas de me bien payer. Il y a longtemps que j'épiais ce jeune Anglais; j'aurai soin qu'à l'avenir il ne parle pas publiquement, comme il le fait, du roi et de ses ministres, et surtout ne menace pas de couper les oreilles à ceux qui l'écoutent. Oh! mon petit monsieur, pour couper les oreilles à quelqu'un, il faut les avoir. Nous aurons soin de refroidir ce sang un peu trop bouillant.

L'inconnu disparut en cachant sa marche sous la protection des grands arbres et des haies qui bordaient le chemin, et il rentra à Paris.

Retournons maintenant à nos jeunes officiers, qui continuaient de discourir gaîment sous le berceau, sans se douter qu'on eût pu entendre leur conversation. Nous avons déjà reconnu dans l'imprudent parleur notre ami Gustave, et nous reconnaissons que les dures leçons qu'il avait déjà reçues ne l'avaient pas rendu plus sage.

Depuis sa fuite d'Angleterre, il avait, pendant une année tout entière, été un véritable modèle de circonspection. Le souvenir d'Hardinge ne s'était pas effacé de son esprit, et les lettres si pleines de tristesse que lady Westmore lui avait écrites l'avaient rendu plus grave et plus prudent; ce qui était un grand pas de fait vers son amélioration. Peu à peu ces salutaires impressions disparurent, et quand Gustave eut reçu, à sa grande satisfaction, la nouvelle que l'état du lieutenant Hardinge ne présentait plus de danger, il respira plus librement et jeta sur l'avenir des regards moins sombres. Il se mêla de nouveau à la société des hommes qu'il avait jusqu'alors évitée avec le plus grand soin et commença seulement alors à faire usage des lettres de recommandation que sa mère lui avait envoyées.

Comme il n'avait pas envie de retourner sur-le-champ dans sa patrie et craignait le châtiment qu'il avait encouru pour s'être battu en duel, action sévèrement défendue dans ce pays, il employa le crédit de ses nouvelles connaissances pour se procurer une commission d'officier dans les troupes du roi de France. Il ne tarda pas à l'obtenir, et nous le retrouvons au milieu d'un cercle d'hommes sérieux et honorables, avec lesquels il se conduisit d'abord avec une prudence qui lui faisait le plus grand honneur. Il avait alors la ferme volonté de se corriger; aussi, quand il fut entré dans le corps qui lui était assigné, il s'observa si rigoureusement, qu'il ne commit d'abord aucune faute, même légère. Nous voyons qu'il ne put continuer à persévérer dans cette bonne résolution, et nous le voyons se laisser entraîner, comme par le passé, à cette légèreté de parole qui lui avait déjà fait tant de mal. Ce n'était pas chez lui le résultat d'une volonté bien arrêtée, mais l'effet de la simple impression du moment. Il semblait réellement être incorrigible, et il devait s'écouler encore bien du temps avant qu'il pût se regarder comme affranchi de ses défauts. Il était cependant, sans s'en douter, sur le point de recevoir une rude leçon, à laquelle il ne s'attendait guère.

Une heure s'était à peine écoulée depuis que l'espion avait quitté le berceau derrière lequel il s'était caché pour surprendre la conversation des jeunes officiers, qu'il se présenta à l'entrée du jardin une douzaine d'exempts conduits par l'espion, qui les dirigea vers le berceau. Le chef de cette sinistre escouade fit arrêter sa troupe à la seule issue du berceau par laquelle il eût été possible de fuir, et s'avança, avec un sourire ironique, vers le groupe des jeunes officiers, qui restèrent pétrifiés à sa vue.

— Je vous en prie, Messieurs, leur dit-il, en voyant leur trouble, avec une politesse affectée, ne vous dérangez pas; mon devoir exige que, pour quelques instants, je vous incommode de ma présence; mais dès qu'il sera rempli, je me retirerai.

— Parlez, Monsieur, dit à l'exempt Armand, qui avait le premier recouvré la liberté de la parole. Quel motif vous amène ici?

— J'aurai bientôt exposé l'objet de ma visite. Un de vous a parlé du roi avec irrévérence, et Son Excellence le lieutenant de police en a eu connaissance. Monsieur Westmore, c'est vous le coupable : ayez la bonté de me suivre, pour vous justifier, si vous le pouvez. Allons, Monsieur, dépêchez-vous;

je serais fâché d'être obligé d'employer contre vous la violence. Quant à vous, Messieurs, dit-il aux autres officiers, vous pouvez continuer votre conversation, je n'ai plus rien à faire ici, et je regrette seulement de vous avoir dérangés.

Armand jeta sur son ami un regard de commisération et lui dit bas à l'oreille :

— Mon pauvre Gustave, le seul parti que tu aies à prendre est de suivre ce drôle. Je te l'avais bien dit qu'à Paris, non-seulement les murs, mais encore les feuilles des arbres ont des oreilles. Compte sur notre amitié ; peut-être ne sera-t-il pas difficile de te faire recouvrer ta liberté.

— C'est une infamie ! s'écria Gustave, qui ne put retenir son indignation. Cette odieuse trahison ne justifie que trop mes paroles. Que doit-on penser d'un pays dans lequel il est impossible d'avoir avec des amis la conversation la plus innocente sans être épié ? Si je connaissais les oreilles qui nous ont ainsi écoutés, elles se repentiraient de leur empressement à aller révéler nos paroles.

— Pour l'amour de Dieu, mon cher Gustave, suis cet homme et n'ajoute plus un seul mot, dit tout bas Armand ; car tu rendrais ton affaire plus mauvaise encore, et la malveillance peut déjà tirer parti de tes paroles imprudentes, pour te nuire.

— Puisqu'il est impossible de lutter contre la force, répondit Gustave, j'obéis. Adieu, camarades ; toi, Armand, écris à ma mère pour la tranquilliser, et vous tous, si vous apprenez le nom du traître qui est venu nous écouter, faites-le-moi connaître; je veux perdre mon nom si je ne le punis de sa lâcheté, comme il le mérite.

— On aura soin, Monsieur, de mettre à l'abri de votre vengeance les oreilles que vous menacez, dit l'exempt avec un ricanement ironique. Allons, venez; car je vois que ma présence est désagréable à ces jeunes messieurs.

Il saisit Gustave par le bras, lui ôta son épée, et s'éloigna avec son prisonnier, qui fut placé au milieu des soldats.

Il y avait, à la porte du jardin, une voiture fermée dans laquelle on fit monter Gustave. L'exempt se plaça près de lui, les soldats de maréchaussée montèrent sur leurs chevaux, et leur prisonnier, suivi de son escorte, prit le chemin de Paris. Une demi-heure après, la voiture passa sur un pont, franchit une voûte obscure et entra dans une cour entourée de murailles élevées. La portière s'ouvrit, et Gustave reconnut, en mettant le pied dans la cour, qu'il était à la Bastille : ce qui produisit sur son esprit une vive et profonde impression.

L'exempt échangea quelques mots avec un des employés de cette prison redoutable, lui montra la lettre de cachet qui recommandait que le prisonnier fût traité avec sévérité; et, avant de s'éloigner, il fit à ce dernier un profond salut, en lui disant :

— Vous en vouliez, Monsieur, à mes pauvres oreilles; j'espère qu'à l'abri de ces murs vous arriverez à de plus humaines pensées. Comme je désire conserver mes oreilles le plus longtemps possible, je ferai les démarches nécessaires pour les garantir du tranchant de votre sabre. Tant que vous serez ici, je pourrai me coucher tranquille sur le sort de mes pauvres oreilles. Je vous souhaite beaucoup de plaisir.

— Vous êtes un misérable d'insulter encore au malheur de celui que vous avez dénoncé, lui dit Gustave avec mépris, en lui tournant le dos.

Celui-ci fit peu d'attention aux paroles de Gustave. Il sourit ironiquement et quitta la prison en fredonnant une chanson joyeuse.

— Allons, allons, mes pauvres oreilles, rassurez-vous : avant que le drôle vous coupe, ses cheveux bruns seront mêlés d'argent. Méchant qui ne parle rien moins que de couper des oreilles, et les miennes encore ! Nous ne sommes pas en Turquie, et Jean Dupuis est un serviteur trop fidèle pour qu'on ne tienne pas à le conserver. Je n'ai rien à craindre de toi, arrogant Anglais.

Tandis que l'exempt quittait la prison, dans les dispositions les plus gaies du monde, le pauvre Gustave était conduit dans un cachot aussi affreux que ceux que possédait cette affreuse prison, objet d'une terreur universelle, et qui était devenue l'objet de l'exécration publique.

— C'est donc ici que je vais expier une faute légère ! soupira Gustave, au moment où le geôlier ouvrait une petite porte bardée de fer, et quand il sentit s'échapper du cachot un air humide comme celui d'un tombeau. C'est épouvantable! s'écria-t-il.

— Epouvantable ou non, dit le geôlier; comme on fait son lit on se couche. Entrez, s'il vous plaît.

Gustave jeta les yeux sur cet homme, au pouvoir de qui il se trouvait et aux ordres duquel il lui faudrait obéir, et soupira. On ne lisait aucune sympathie sur les traits endurcis de cet homme, dont les petits yeux gris n'annonçaient aucune sorte de sensibilité; ses lèvres minces et pincées ne devaient jamais laisser sortir une parole de consolation ni d'espérance. Il comprit que toute tentative pour exciter la pitié de cet homme serait inutile; que ses paroles ne produiraient pas plus d'impression sur son cœur de geôlier que si elles s'adressaient à un rocher; qu'il était impossible d'obtenir de lui le moindre secours moral. Il franchit en silence le seuil de son cachot, et la porte se referma sur lui. Le bruit des verrous, que le geôlier fit crier en se retirant, lui brisa l'âme. Il lui semblait être pour l'éternité séparé du reste du monde.

— Jamais, se disait-il, je ne reverrai la lumière du soleil, la verdure des arbres; je n'entendrai plus le chant des oiseaux; je n'aspirerai plus le parfum des fleurs. Tandis que le reste des créatures humaines jouira de la liberté, ma vie, qui ne fait que commençer, s'éteindra au fond de la solitude du cachot, où je mourrai de désespoir, sans que jamais une parole amie vienne retentir à mon oreille.

Le cachot de Gustave était éclairé par une étroite

fenêtre qui ressemblait au soupirail des caves, et était fermé par d'épais barreaux. Les araignées avaient contribué à rendre le jour plus faible encore, en obstruant, par leurs toiles épaisses, le peu de lumière qui pénétrait dans cette horrible demeure, et la lucarne était trop haute pour que le prisonnier pût jeter un coup d'œil au dehors et contempler le ciel. Si le malheureux avait pu voir en dehors de son cachot, il n'aurait aperçu que les murs d'autres cachots, aussi sombres et aussi tristes que le sien.

Le premier sentiment qui s'empara du prisonnier fut un abattement mortel : il se remit peu à peu, arpenta à grands pas le sol de sa prison. Il devint ensuite semblable à un lion furieux qui rugit au souvenir de la liberté dont on l'a privé ; il poussa un cri de rage, et se jeta sur la porte de son cachot, qu'il chercha à ébranler sur ses gonds robustes. Ses efforts furent vains ; il y épuisa le reste de ses forces et tomba anéanti dans un coin de son cachot. Il cacha son visage dans ses mains et versa d'abondantes larmes qui soulagèrent sa poitrine oppressée. La honte, le repentir, la colère, tous ces sentiments ensemble se livraient dans son cœur un combat qui le faisait souffrir mille maux. Il ne chercha plus, comme il l'avait fait tant de fois, à réprimer les élans de son cœur ; les reproches qu'il se faisait à lui-même étaient sincères, et jamais il n'avait été plus près de la vérité. Le malheur dans lequel il était tombé n'était-il pas le résultat de la légèreté de son esprit, qui lui faisait dire des paroles qu'il aurait mieux fait de garder dans son cœur? Si sa faute était légère, sa punition était assez terrible pour qu'il y succombât; il ne pouvait cependant se dissimuler qu'il l'avait méritée, non-seulement par l'imprudence de son langage qui lui avait attiré la colère du gouvernement du roi, mais par sa légèreté et son étourderie qui l'avaient sans cesse écarté de la bonne voie

Le jour disparut, peu à peu les ombres de la nuit se répandirent dans sa prison, et l'obscurité la plus complète ne tarda pas à y régner. Gustave ne s'en aperçut pas : il était étendu sur la pierre de son cachot, en cachant son visage dans ses mains, comme s'il pouvait, en couvrant ses yeux, se dissimuler à lui-même toute l'étendue de ses maux.

Le verrou de sa porte retentit, la porte s'ouvrit, et Gustave leva ses yeux égarés sur le geôlier, qui entra avec une lanterne à la main. Il déposa dans un coin, sans dire une seule parole, une cruche d'eau et un morceau de pain noir. Il se retira comme il était venu, sans dire un mot et sans même jeter un regard sur le prisonnier, qui se leva lentement et avala une gorgée d'eau pour rafraîchir sa gorge brûlante. Cette boisson rafraîchissante calma un peu la fièvre qui le dévorait. Il se sentit plus calme et envisagea sa position avec moins de désespoir.

— Que peut-il m'arriver? se dit-il à lui-même.

On me gardera en prison pendant un jour ou deux ; je paraîtrai devant mes juges et j'avouerai franchement ce que j'ai dit avec tant d'imprudence ; j'en serai quitte pour une réprimande, et on me rendra à la liberté. Que je suis faible de me désespérer pour une couple de jours que je passerai en prison ! Patience ; demain ou après je serai libre.

Ces pensées consolantes furent pour Gustave un rayon de soleil dans son cœur attristé. Il cessa de maudire le destin, et chercha à faire renaître le calme dans ses esprits. Il but une nouvelle gorgée d'eau, qui lui fit encore plus de bien que la première fois. Il se coucha et dormit profondément jusqu'au jour. Lorsqu'il ouvrit les yeux, le jour éclairait son cachot et y répandait une faible lumière qui en diminuait seulement l'obscurité. Il se leva. Ses membres étaient raides et froids ; mais son cœur était plein d'espoir. Le geôlier ne devait pas tarder à venir pour le conduire devant ses juges. Il se voyait déjà devant eux, poli, modeste, avouant sincèrement sa faute, demandant humblement pardon, et promettant de ne plus retomber dans de semblables écarts. Toute cette histoire ne pouvait pas durer plus d'une demi-heure, et, une fois hors de ce guêpier, il se promettait bien de ne plus s'exposer à de semblables dangers.

— Allons, je le vois, le malheur seul nous rend sages. Le roi gouvernera comme il voudra, je ne m'en occuperai plus. D'ailleurs, en ma qualité d'étranger, cela ne me regarde pas.

Il prit son pain, que le geôlier avait jeté dans un coin, et il mordit dedans de bon cœur, plutôt pour passer le temps que parce qu'il avait faim. L'appétit lui vint en mangeant et il eut bientôt mangé tout son pain. Il aurait mangé davantage s'il lui en fût resté. Il but le reste de son eau et se promena de long en large, l'esprit seulement occupé de ses projets d'amélioration, dans lesquels il persistait de plus en plus. De temps à autre, il s'arrêtait, mettait l'oreille à la porte et écoutait, dans l'espérance d'entendre les pas du geôlier retentir dans le lointain. Ce fut en vain qu'il prêta l'oreille. Tout était tranquille, il n'arrivait dans son cachot aucun bruit du monde extérieur.

— Patience, disait Gustave, je ne suis pas seul dans ces murs, et chacun comme moi voudrait déjà avoir comparu devant ses juges.

Il recommença sa promenade, et, de temps à autre, il s'arrêtait et prêtait l'oreille; mais aussi inutilement qu'avant. Il mit la main à son gousset pour en tirer sa montre; mais elle avait disparu, et il se rappela qu'il avait, la veille, été obligé de remettre au geôlier sa montre et son argent.

— Bah! on me rendra le tout, se dit-il; il ne me faut que de la patience. Il est encore de bonne heure; car il faisait bien peu clair encore quand je me suis levé. Je puis bien attendre.

Attendre, au fond d'un cachot, la liberté, le premier des biens, c'est un martyre qu'on ne conçoit bien que quand on a été privé de sa liberté!

Patience, se disait toujours Gustave, quoique depuis longtemps il n'espérât plus, quand il était dévoré par une fièvre ardente, que son front brûlait et que son haleine sortait enflammée de sa poitrine. Il continuait de se promener à grands pas, puis il prêtait l'oreille pour voir s'il ne percevrait aucun bruit au dehors. Il frappait du pied avec impatience quand il n'entendait rien et que le silence de la mort régnait dans cet immense tombeau. Le seul bruit qu'il entendît était celui de son cœur qui battait avec force contre les parois de sa poitrine. Gustave sentit bientôt plus vivement combien il en coûtait à une nature ardente comme la sienne d'être séparée du monde. De sinistres pensées assaillaient son esprit et finissaient par étouffer les espérances du matin. La lumière du jour disparut comme la veille, et il fut obligé de se rendre compte à lui-même de sa position, et de s'avouer que pour ce jour-là il ne serait pas mis en liberté. Il se laissa tomber en pleurant dans un coin de son cachot et s'écria :

— O mon Dieu! quelle terrible épreuve! Comment la supporterai-je sans succomber ?

Tout à coup un bruit lointain frappe son oreille. Qu'est-ce que cela? ne serait-ce pas le geôlier?...

Gustave se souleva, et son cœur battit de joie. Ce n'était pas, cette fois, une illusion, les pas s'approchaient, et il en reconnaissait distinctement la direction.

— Il faut que je me sois trompé, dit Gustave, il n'est pas encore nuit, je vois seulement que le soleil est obscurci par un nuage.

Il lui semblait même, tant sont fortes les illusions de l'esprit, qu'il faisait moins sombre. Il distingua plus clairement le bruit des pas, et ce bruit retentissait à son cœur comme la plus délicieuse harmonie; car pour lui ils étaient le signal de sa liberté. Le cri des verrous lui prouva qu'il ne s'était pas trompé; la porte s'ouvrit en gémissant sur ses gonds rouillés, et la lueur de la lanterne dissipa la nuit de son cachot.

Gustave se leva rapidement, il alla au-devant du geôlier et lui dit :

— Mon ami, vous venez sans doute me chercher pour me conduire devant mes juges? Tant mieux! Il est si horrible d'être seul, que ce sera un bonheur pour moi que d'être arraché à ce cachot, quelle que soit la cause qui m'en tire.

Le geôlier leva sa lanterne pour éclairer le visage du prisonnier; et, en voyant son visage pâle, ses yeux brillants, ses lèvres tremblantes, il sentit un mouvement de pitié s'emparer de son cœur communément si étranger à tout sentiment humain.

— Que parlez-vous d'instruction, de jugement, mon bon ami! que parlez-vous de délivrance! murmura le geôlier d'une voix enrouée. Vous êtes déjà condamné, sans cela vous ne seriez pas ici. Vous me demanderez peut-être combien de temps durera cette incarcération. A cela, je répondrai que je ne sais pas; mais je pense qu'il se passera quelques années avant que vous ne soyez élargi. Ne vous inquiétez pas trop et surtout ne vous laissez pas aller au désespoir ; il vous arrivera, comme aux autres prisonniers, qu'en peu de temps vous vous accoutumerez à votre cachot.

Un cri sauvage, arraché par la surprise et la douleur, fut la réponse de Gustave.

— Non, il n'est pas possible que je sois condamné sans avoir été entendu. O mon Dieu ! je sens que je ne tarderai pas à mourir si je ne suis promptement rendu à la liberté.

— On ne meurt pas ainsi comme vous le pensez, dit le geôlier. Il faut vous résigner au sort que vous ne pouvez plus changer. Je vous dis, moi, qu'avec le temps vous vous accoutumerez à votre solitude.

Sans faire plus longtemps attention aux larmes de Gustave, il déposa dans un coin, comme il avait fait la veille, un pain et une cruche d'eau. Il emporta la cruche vide et quitta le cachot. La porte se referma, la serrure et les verrous retentirent, et il entendit les pas du geôlier s'éteindre dans l'espace.

Quand tout bruit eut cessé et que Gustave fut rentré dans la solitude, il poussa un dernier cri de désespoir et tomba inanimé sur le sol humide de son cachot.

CHAPITRE SEPTIÈME.

Gustave dans sa Prison.

Les jours se succédaient pour Gustave avec la plus désespérante uniformité. Il commença par se laisser aller à la rage, et remplit son cachot de ses hurlements, puis il essaya, mais en vain, de forcer la porte; enfin, il se résigna à accepter son sort. Le calme et la douleur firent place au désespoir frénétique. Il passait des jours entiers dans un coin de sa prison, les yeux fixés sur la terre ou plutôt ne regardant que le vide, et le cerveau tout occupé de son malheur. Il succédait à ces temps de calme de véritables accès de folie, il se mettait les ongles en sang en cherchant à arracher les pierres qui formaient les murs de sa prison, pour recouvrer une liberté dont il n'avait jamais si vivement senti le prix. A la suite de ses efforts, il tombait sur la terre privé de sentiment et ne sortait de cet état de frénésie que pour rentrer dans une morne douleur à laquelle succédait encore un accès de fureur.

Il était dans un état d'agitation qui eût été sans doute terminé par un accès de folie, quand il lui arriva, comme si elle eût été envoyée du ciel, une consolation sur laquelle il était loin de compter. Une araignée vint par hasard se promener sur sa main qu'il avait nonchalamment posée sur son genou, et, après avoir fait quelques tours, elle s'arrêta au milieu. La première pensée qui vint à Gustave fut de la jeter par terre et de la tuer; au moment où il levait la main pour accomplir ce sacrifice, il lui vint une autre pensée.

— Je serais tenté de croire que tu as pitié de moi, petite compagne de ma captivité, s'écria Gustave. Voyons ce que tu vas faire.

Il laissa l'araignée maîtresse de ses mouvements; bientôt elle quitta sa main, monta le long de son bras, de là sur son épaule, et gagna le mur, dans un angle duquel elle s'arrêta, comme pour examiner les localités, puis elle commença à jeter des fils de çà, de là, pour se construire une demeure. Elle travaillait avec une application soutenue, sans se laisser interrompre par la présence de Gustave, qui la regardait avec attention. Il admirait l'adresse et la patience de ce petit animal qui déployait, dans la construction de sa maison de soie, une si admirable industrie, et il trouva dans cette observation quelque soulagement à ses douleurs. Les heures s'écoulèrent, et l'araignée travaillait toujours. Gustave ne cessait de suivre avec intérêt le travail de l'insecte. Ce jour-là, le geôlier vint de meilleure heure que de coutume lui apporter le pain et l'eau qui constituaient le seul régime qui lui fût accordé.

— Prenez garde, lui dit Gustave en le voyant entrer et s'approcher de l'angle choisi par l'araignée pour y tendre sa toile, je vous en prie, prenez garde de ne pas détruire le travail de ma petite amie.

— Quelle est-elle? demanda le geôlier.

Gustave lui montra l'araignée.

— Amusement d'enfant, murmura le geôlier, qui se garda cependant bien d'approcher trop près de la toile et déposa dans un autre coin le pain et l'eau ; après quoi il quitta le cachot.

Gustave ne quitta pas la place d'où il pouvait suivre les progrès du travail de l'araignée et y resta jusqu'à ce que l'obscurité de la nuit ne lui eût plus permis de distinguer les objets qui l'entouraient. Il alla en soupirant prendre son maigre repas et se coucha.

Le lendemain, sa première pensée fut d'aller voir où en était son araignée. Elle avait travaillé pendant la nuit, et la toile dont elle avait, la veille, jeté les premiers fils, était entièrement terminée.

— Quel admirable travail ! s'écria-t-il. Vraiment, l'homme, cette orgueilleuse créature qui se croit tellement supérieure à tous les autres êtres, peut recevoir de ce petit insecte des leçons de patience et de persévérance ; il peut lui montrer ce qu'on est capable de faire quand on réunit ces deux qualités. S'il était possible que je gagnasse l'amitié de cet animal, qui partage si volontairement les ennuis de ma captivité, je serais moins malheureux.

Il se rappela avoir entendu dire dans sa jeunesse que les araignées aimaient la musique. Il essaya de confirmer cette observation, et rien n'était plus facile. Il siffla doucement un air et remarqua avec surprise que l'araignée, qui s'était jusqu'alors tenue blottie au fond du tube de soie pratiqué derrière son nid, s'agita et présenta ses pattes sur le bord du trou. Il continua à siffler, et elle se montra en entier à l'entrée de sa demeure, où elle s'arrêta. Gustave, continuant toujours de siffler, lui présenta le bout de son doigt. L'araignée se retira d'abord avec crainte, puis elle reparut, sembla hésiter entre la peur qui la portait à fuir et la musique qui l'attirait ; elle finit par s'enfuir avec la rapidité de la flèche.

— Pauvre bête, dit Gustave, qui avait examiné avec attention les manœuvres de l'araignée, tu me fuis ; je ne suis cependant pas ton ennemi, puisqu'au contraire je recherche ton amitié. Tu peux t'approcher de moi sans crainte.

Il recommença à siffler, et l'araignée renouvela son petit manége; mais à chaque fois elle devenait plus hardie; car dès les premières notes elle vint jusqu'au bord du trou. Gustave lui présenta son doigt, et, cette fois, l'insecte parut ne pas s'épouvanter; il sembla même chercher à prendre position sur ce pont qui se présentait si naturellement. Après quelques moments d'hésitation, l'araignée prit place sur le doigt de Gustave; mais, saisie sans doute d'une appréhension nouvelle, elle ne s'y arrêta pas et se hâta de rentrer dans son nid. Gustave se garda bien de chercher à l'obliger par la force à se représenter à lui. L'araignée reparut quand la mélodie se fut de nouveau fait entendre, et, voyant le doigt de Gustave, qui n'était plus pour elle un sujet d'effroi, elle s'arrêta un moment sur le bord de son trou, puis monta sur la main de Gustave, gagna la manche, le collet de son habit, où elle prit alors position tant qu'il siffla; mais quand il eut cessé, elle parut seulement alors comprendre qu'elle avait commis une imprudence et se hâta de fuir. La frayeur dont la pauvre araignée donnait en ce moment des signes si manifestes, fit rire le pauvre prisonnier. C'était la première fois, depuis qu'il était dans cette odieuse prison, que le sourire paraissait sur ses lèvres. Pour jouir de son embarras, il éloigna son doigt de la toile de l'araignée à une distance assez grande pour qu'elle ne pût l'atteindre, et pendant quelques minutes, il s'amusa à jouir de l'embarras de la pauvre bête, qui ne fut tranquille que lorsqu'il l'eut mise à portée de son trou.

Pendant tout le temps qu'avait duré ce manége, Gustave avait oublié son chagrin et il ne pensait même plus à la malheureuse position dans laquelle il se trouvait. Il remercia Dieu de lui avoir envoyé un être vivant auquel il pût donner une part de cette affection dont le cœur de tous les hommes est rempli et qui leur rend si odieux la solitude et l'isolement. Cependant il avait toujours eu beaucoup d'aversion pour les araignées, et jusqu'alors il n'avait jamais manqué d'écraser celles qu'il rencontrait. Celle-ci lui était devenue chère, parce qu'il avait besoin dans sa solitude d'un être qui lui procurât quelque distraction.

Depuis ce moment, il s'occupa chaque jour de son araignée, qu'il appelait, en sifflant, hors de son trou : elle venait familièrement et montait sans hésiter sur la main qu'il lui présentait, puis elle rentrait après s'être promenée sur son jeune ami.

Le geôlier lui-même, malgré son caractère sombre, fut frappé de la familiarité de ce petit animal; il poussa même plusieurs fois la complaisance jusqu'à lui apporter des mouches, qui étaient à l'instant dévorées par l'araignée. Elle prenait goût à cette nourriture, et comme elle lui était présentée par une main amie, elle devenait chaque jour plus hardie avec Gustave, qui lui présentait chaque jour sa nourriture.

Cette araignée, cet immonde animal, objet d'effroi et de dégoût pour tant de personnes, était devenue la consolatrice du prisonnier; elle le réconciliait avec le sort, et peut-être même se serait-il tout à fait habitué à sa détention s'il n'avait pas dû à son araignée le bonheur de recouvrer sa liberté.

A son araignée? me direz-vous. — Oui, à son araignée : ce fut elle qui fut le premier médecin de Gustave : elle le guérit des blessures que lui avaient faites les persécutions des hommes et sa propre légèreté. Elle contribua donc par le fait à sa délivrance, sans en avoir été l'instrument direct.

Un soir, le geôlier vint, comme de coutume, apporter du pain et de l'eau à son prisonnier. Dans ces derniers temps, il était devenu très-amical avec lui, et souvent même il arrivait qu'il passait près d'une heure à causer avec lui; ce qu'il n'avait pas voulu faire dans le principe, où Gustave, écrasé par la douleur, fermait l'oreille à toute consolation. Il l'eût même repoussé s'il eût tenté de lui adresser la parole. Ce jour-là, il se proposait de lui tenir compagnie comme à l'ordinaire, quand son oreille fut frappé des cris de désespoir qui sortaient de son cachot.

— Qu'y a-t-il donc? s'écria-t-il en ouvrant précipitamment la porte.

Il fut surpris de trouver Gustave tout en pleurs, étendu sur le sol.

— Que vous est-il donc arrivé? demanda-t-il.

Gustave ne lui répondit pas, mais montra du doigt le coin où se trouvait la toile de son araignée. Le geôlier remarqua qu'elle avait disparu, que la toile même était détruite, et qu'il ne restait çà et là que quelques fils attachés à la muraille.

— Où est votre araignée? demanda-t-il à Gustave; qu'en avez-vous fait?

— Je l'ai tuée! s'écria-t-il avec l'accent du désespoir.

Il poussa ensuite un grand éclat de rire, qui fit retentir la voûte de son cachot.

Le geôlier resta un instant immobile à le regarder, et se dit:

— Ce garçon-là est fou. Il est évident que, dans un accès de folie, il a tué son araignée. Il fallait au reste s'y attendre, il n'est pas le premier à qui il soit arrivé de perdre la raison dans ce trou humide. Pauvre jeune homme! Au fond, ça me fait de la peine. Il était devenu si doux et si bon. Il faut qu'il soit devenu fou pour avoir tué son araignée, qui faisait toute sa consolation. Allons, il va me falloir cesser nos petites conversations; maintenant qu'il est fou, il n'y a plus rien à lui dire.

Sans s'occuper davantage de Gustave, le geôlier déposa les vivres qu'il apportait et quitta le cachot. En fermant la porte, il disait encore:

— Le pauvre garçon est devenu fou, c'est vraiment dommage!

L'accident qui avait si vivement frappé de douleur le pauvre Gustave, et avait fait croire au geôlier qu'il avait perdu l'esprit, avait eu pour motif la cause suivante. Gustave jouait, comme de coutume, avec son araignée, qui était devenue tout à fait familière, quand celle-ci s'échappa de sa main et se laissa glisser sur la terre. Gustave, croyant qu'elle était tombée, avait voulu la rattraper; il balança le fil après lequel elle était suspendue, changea la direction de l'araignée, et, dans la rapidité de son mouvement, il l'écrasa le long de sa jambe. Il ne s'aperçut pas tout de suite du malheur qu'il venait de causer. Croyant son araignée par terre, il la chercha, l'appela, siffla pour la faire revenir; et, voyant qu'elle ne paraissait pas, il pensa que peut-être était-elle accrochée après lui. Il passa une inspection de toute sa personne, aussi complète que pouvait le permettre l'obscurité de son cachot, et il finit par découvrir, à son grand effroi, qu'il avait écrasé sa consolatrice, la compagne de sa captivité. Il fut plus sensible à cette perte qu'il ne l'avait été à de plus grands malheurs, et, pendant un moment, il perdit réellement l'esprit. Dans son premier accès de désespoir, il détruisit le nid de l'araignée et se frappa, de rage et de désespoir, la tête contre le mur. Il était encore dans cet état quand le geôlier était venu, et le bonhomme avait été si frappé du désespoir de Gustave, qu'il avait fini par le croire fou.

Le chagrin que le prisonnier ressentit d'avoir perdu la compagne de sa captivité, dura plusieurs jours. Le geôlier, qui venait le voir plusieurs fois par jour, le trouvait pleurant et blotti sans mouvement dans le coin le plus obscur de son cachot ; et comme Gustave ne lui adressait plus la parole, tant il était plongé dans des réflexions amères, le geôlier répétait chaque fois, en sortant :

— Il est devenu fou ! Aujourd'hui son état est sans remède ; il faut que je fasse mon rapport, afin qu'on m'en débarrasse ; car je ne puis garder ici des gens qui ont perdu l'esprit.

Gustave entendit ces dernières paroles, et un rayon d'espoir vint luire à son esprit.

— Comment ! se dit-il, si tu étais réellement fou, tu sortirais de cette affreuse prison ! Rien de plus facile que de continuer mon rôle, puisque mon geôlier est convaincu que je suis fou. Eh bien ! essayons de ce moyen, et tâchons de sortir de ce cachot, qui m'est devenu plus odieux encore depuis la mort de ma petite compagne.

Ce fut pour Gustave un bonheur que cette pensée se fût présentée à son esprit. Il avait, de nouveau, un sujet de méditation qui pouvait lui faire oublier la perte qu'il venait de faire et qui eût pu réellement lui faire perdre l'esprit, car véritablement celui qui a ôté la vie à un de ses semblables n'éprouve pas plus de douleur que n'en éprouvait

Gustave d'avoir donné la mort à son araignée. Depuis qu'il pouvait s'occuper d'un plan de délivrance, il avait repris toute l'activité de son esprit, qui s'était presque éteint au milieu de cette solitude, et il put ainsi échapper au plus grand des malheurs qui puisse arriver à l'homme, être privé de l'intelligence, le don le plus précieux que Dieu ait donné aux créatures qu'il a faites à son image.

Le geôlier fut facile à tromper, et Gustave, dont l'esprit était occupé d'une seule pensée, recouvrer sa liberté, joua son rôle à merveille. Le médecin fut appelé pour constater son état. Comme il était prévenu par le geôlier, il déclara que Gustave était réellement fou, et, le lendemain, arriva l'ordre de transférer le malheureux prisonnier de la Bastille à la maison d'aliénés de Bicêtre.

Ce fut en réalité ce qui eut lieu. Gustave fut enlevé de son affreux cachot et déposé provisoirement dans une chambre petite, mais claire, et ayant une jolie vue. Il n'avait encore fait que changer de prison; mais celle-ci, du moins, valait mieux que l'autre, et il bénissait en secret le hasard qui l'y avait conduit. Il voyait au moins le soleil, le ciel bleu, les arbres décorés de leur brillante parure; il respirait un air pur et frais, et il pouvait, chaque jour, se promener pendant quelques heures dans un joli jardin, tandis que, dans l'affreuse Bastille, il ne voyait rien de tout cela et toute promenade lui était interdite. Ce qui lui faisait trouver sa position plus supportable encore, c'est qu'après avoir pris une connaissance parfaite de la disposition des localités, il avait reconnu la possibilité de fuir. Une fois libre, rien de plus facile que de pouvoir, avec l'assistance de ses amis, retourner en Angleterre, où il retrouverait sa bonne mère, qui l'attendait sans doute avec la plus vive impatience. Combien de fois ne bénit-il pas la petite araignée qui, pendant sa vie, avait charmé sa solitude et lui avait fait supporter son sort avec résignation, et, après sa mort, lui avait donné le moyen de sortir de la Bastille ! Il était évident que sans elle jamais il n'aurait recouvré la liberté.

CHAPITRE HUITIÈME.

Il n'est pas guéri pour toujours.

Tant que Gustave avait été courbé sous le poids du malheur, il n'avait pas donné un seul exemple de son vice invétéré, de cette légèreté qui lui avait déjà causé tant de mal. Il ne fut pas de même à Bicêtre. Il calcula si bien ses paroles et ses actions, prit des mesures de prudence si bien calculées, parut si satisfait de son sort et manifesta si peu l'envie de changer de position, qu'au bout de quelques jours ses surveillants lui laissèrent plus de liberté qu'aux autres aliénés. Il ne lui fut donc pas difficile de trouver l'occasion de s'échapper. Il en profita avec autant de sang-froid que de résolution, et, peu de temps après, il était dans la chambre de son ami Armand Plessis, qui l'accueillit avec une joie semblable à celle qu'il aurait eue à le voir sorti du tombeau. Gustave lui raconta en peu de mots ce qui lui était arrivé, et lui dit qu'il comptait sur son amitié pour l'aider à se soustraire à toutes les recherches.

— Il faut avant tout, lui dit Armand, ne pas te laisser voir à Paris; reste dans ma chambre jusqu'à ce que la nuit soit venue. Je vais te procurer de l'argent, un passe-port pour l'Angleterre, et tu pourras en toute sécurité rentrer dans ta patrie, d'où tu n'aurais jamais dû sortir. Je te prie seulement, au nom de ta propre conservation, de ne pas quitter ma chambre.

Gustave promit tout ce qu'il voulut et apprit par Armand que toutes les démarches faites pour le tirer de la Bastille avaient été inutiles, que l'exempt Jean Dupuis avait employé, dans la crainte sans doute d'être l'objet de sa vengeance, toutes les ruses possibles pour faire échouer les moyens employés pour le faire rendre à la liberté; c'était donc à lui seul qu'il avait dû la prolongation de sa détention.

— Combien de temps suis-je resté à la Bastille? demanda Gustave.

— Une année tout entière. Sans doute, elle a été bien longue, bien triste pour toi, mon pauvre ami. Prends courage, après l'orage vient le beau temps, et j'espère que celui que tu as essuyé est à jamais dissipé. Tu n'as plus rien à craindre, si tu consens à être prudent.

— Ne crains rien, répondit Gustave; cette dernière épreuve m'a pour toujours guéri de ma légèreté et de mon orgueil. Dis-moi, Armand, quelles nouvelles as-tu de ma mère?

Armand leva les épaules.

— Ta mère vit, lui dit-il; mais elle est profondément attristée, non-seulement à cause de ton triste sort, mais encore par suite d'un accident terrible qui l'a frappée. Prépare-toi à apprendre une mauvaise nouvelle. Depuis quatre mois, ton frère aîné est mort.

— Mon frère! s'écria Gustave. Comment cela s'est-il fait?

— Étant à la chasse, il fit une chute de cheval, et se fit, dans cette circonstance, une blessure si dangereuse, que deux heures après il était mort. Ne t'afflige pas trop, mon cher Gustave. Tu m'as dit plus d'une fois que ton frère n'avait pas pour toi une affection très-vive, et sa mort fait de toi un riche héritier; tu lui succèdes dans tous ses biens.

— Il ne m'aimait pas comme un frère, il est vrai, répondit Gustave; mais il n'en était pas moins mon frère. Ma pauvre mère, combien tu dois souffrir! Dieu soit loué! Je pourrai bientôt lui faire oublier ses peines et lui prouver par mon amour toute ma reconnaissance pour la tendresse dont elle m'a donné tant de preuves. Armand, je t'en supplie, dépêche-toi, procure-moi de l'argent et un passe-port. Toutes les dépenses que tu feras te seront remboursées dès que je serai arrivé en Angleterre; car la mort de mon frère fait du pauvre cadet de famille un riche propriétaire. Ne tarde pas, je t'en supplie. Tu ne saurais croire avec quelle impatience je quitterai le sol de la France.

Armand partit, après avoir une fois encore prié Gustave de ne pas quitter la chambre et de ne pas même paraître à la fenêtre, jusqu'à ce qu'il fût de retour. Il se hâta de partir, et laissa Gustave livré à ses réflexions.

Une heure s'écoula, et Armand ne paraissait pas. On était arrivé au milieu de la journée, et Gustave, qui s'était échappé le matin, de très-bonne heure, de la maison d'aliénés, éprouvait à la fois de la faim et de l'ennui. Il se promenait en long et en large dans la chambre, et attendait avec la plus vive impatience le retour de son ami. Il sonna une heure; il ne paraissait pas. Oubliant les recommandations d'Armand, il se mit plusieurs fois à la fenêtre pour voir s'il ne venait pas.

— Comment est-il possible qu'il tarde tant à revenir? se disait-il. Il ne comprend donc pas mon impatience!

L'imprudent ne se rendait pas compte des difficultés qu'Armand avait eues à vaincre pour se procurer un passe-port.

— Je voudrais voir, reprit-il, s'il ne me serait pas possible de manger un morceau. Tiens, il y a justement en face un restaurant; je pourrai m'y glisser sans être aperçu, je mangerai quelques bouchées à la hâte, et je m'empresserai de revenir.

Aussitôt dit, aussitôt fait. Au moment où il descendait l'escalier, les avertissements d'Armand lui revinrent à la pensée. Pourtant, comment pourrait-on le reconnaître, lui qui ne connaissait, pour ainsi dire, personne à Paris? Armand lui paraissait trop timide. C'est de la folie, pensait Gustave. Dans une ville aussi grande que Paris, on n'a rien à craindre. Je ne serai, quand même, que quelques minutes dehors.

Il y avait, en effet, peu de motifs de crainte, non-seulement parce que c'eût été un miracle que Gustave eût rencontré une connaissance, qui ne l'eût d'ailleurs pas trahi; mais sa longue détention l'avait tellement changé, qu'il était devenu méconnaissable. A cause de ces raisons, qui ne manquaient pas de fondement, Gustave se croyait disposé à exécuter son dessein. Il traversa rapidement la rue, entra dans le restaurant, se fit servir à manger et dîna du meilleur appétit du monde, quoique le mets servi fût de la plus grande simplicité. Il était encore en train de manger, quand la porte s'ouvrit, et jugez de l'épouvante de notre pauvre ami : son ennemi intime, Jean Dupuis, qu'il avait menacé de lui couper les oreilles, entra dans la salle.

C'était une rencontre à laquelle Gustave ne s'attendait pas. Il en fut si troublé, que sa confusion ne put échapper à l'œil exercé de l'exempt. Cette rencontre n'aurait eu aucune suite si Gustave n'eût pas attiré sur lui l'attention de son ennemi. Au lieu de rester tranquillement à sa place et dans un état complet d'impassibilité, en ayant soin seulement de détourner un peu le visage, il regarda fixement Dupuis et se leva précipitamment de sa place pour quitter la salle. L'exempt le regarda avec étonnement; jusqu'à ce moment, il ne l'avait pas reconnu; car le pauvre prisonnier avait une figure maigre, pâle, qui n'avait aucune ressemblance avec le visage fleuri du jeune et brillant officier de la garde. Une fois qu'il l'eut remarqué, il le regarda avec attention, et l'arrêta avec une maligne joie. Il s'avança vers lui, lui fit un profond salut, et lui dit d'un ton ironique :

— Tiens! voilà une ancienne connaissance. Savez-vous que voilà une étrange rencontre! Depuis quand, monsieur Westmore, êtes-vous sorti de la Bastille? Pardonnez-moi ma curiosité.

Gustave avait eu l'intention, la seule qui convînt à la position dans laquelle il se trouvait, de s'éloigner sans répondre, et il ne lui était même pas venu à l'esprit d'accomplir la promesse qu'il avait faite de se venger de son persécuteur. Quand il vit qu'il lui était impossible de donner suite à ce projet, l'impétuosité de son caractère l'emporta, et il fut tout à coup saisi d'une violente haine contre cet homme qui avait brisé sa carrière et empoisonné toute une année de sa vie. Ses yeux lancèrent des éclairs, ses poings se serrèrent convulsivement, ses joues, si pâles, se colorèrent, et il lui dit d'une voix que la fureur rendait tremblante :

— Arrière, misérable ! ou je jure par le Dieu vivant qu'il va arriver un malheur !

Jean Dupuis recula d'abord avec effroi ; mais son entourage lui rendit sa résolution. Il pensa qu'il ne pouvait rien lui arriver, et qu'il n'avait d'ailleurs rien à redouter d'un homme qui était encore sous le coup de la loi et qui avait tout à craindre de lui.

— Halte là ! s'écria-t-il en prenant Gustave par le bras. Je vous arrête au nom du roi, comme un criminel échappé de sa prison.

Gustave sentit en ce moment s'éveiller en lui une fureur qui ne connut plus de bornes. Lui qui touchait de si près à la liberté, à la délivrance, devait succomber encore sous les persécutions d'un homme qui l'avait déjà rendu si malheureux.

— Non, s'écria-t-il, je ne me laisserai pas reprendre sans être vengé.

Il repoussa avec violence la main de Dupuis, qu'il força à lâcher prise, et, se saisissant d'un énorme gourdin qui se trouvait à sa portée, il lui en appliqua sur la tête un coup si violent, que le misérable s'affaissa sur lui-même et tomba comme frappé de la foudre.

Un cri d'épouvante partit de toutes les bouches, et l'on se jeta sur Gustave, qui, effrayé lui-même de l'action qu'il venait de commettre, ne fit aucune tentative pour fuir, et regarda en tremblant son ennemi étendu à ses pieds.

Tandis que les uns le tenaient pour l'empêcher de fuir, d'autres portaient secours à Dupuis et cherchaient à le rappeler à la vie, et l'on allait chercher des sergents pour s'emparer du meurtrier.

Si Gustave eût eu sa présence d'esprit, il aurait pu facilement s'enfuir, au milieu de cette confusion; mais il avait perdu son sang-froid, et toutes ses facultés semblaient paralysées. Il était pétrifié, ses yeux étaient constamment attachés sur le corps de son ennemi, qu'on s'efforçait en vain de rappeler à la vie. Sa conscience lui criait : Tu es un meurtrier ! et ce mot terrible venait involontairement effleurer ses lèvres.

— O mon Dieu, qu'ai-je fait ! s'écria-t-il. Ayez pitié d'un malheureux pécheur ! Votre main, ô mon Dieu, s'est-elle retirée de moi ! et vous, mère de notre Sauveur, intercédez pour moi.

Dieu, en effet, eut pitié de lui. Dupuis ouvrit les yeux, se releva lentement et jeta sur son ennemi un regard de haine, dans lequel on lisait le plaisir de la vengeance. Gustave sentit sa poitrine plus libre quand il reconnut qu'il n'avait pas, comme il l'appréhendait, commis un homicide.

Dupuis, dont il était impossible que Gustave attendît justice ou pitié, lui dit avec une fureur concentrée :

—Tu te repentiras de ce que tu viens de faire, et jusqu'à ton dernier soupir tu maudiras l'heure où tu as levé la main sur moi. Qu'on l'emmène, dit-il aux sergents qui venaient d'entrer dans la salle. Qu'on lui lie les pieds et les mains et qu'il soit jeté en prison. Malheur à celui de vous qui le laisserait échapper !

On lui obéit sur-le-champ : l'infortuné Gustave fut chargé de chaînes, et il fut conduit en prison au milieu du jour et sous les regards curieux de la foule étonnée. Chemin faisant, il rencontra Armand, qui pâlit de douleur en voyant son ami.

— Malheureux ! lui dit-il, qu'as-tu fait ?

— Tout est perdu, jusqu'à l'espérance ! lui répondit douloureusement Gustave. J'ai quitté ta chambre avec ma légèreté accoutumée, sans en prévoir les conséquences, et tu vois ce qui m'arrive aujourd'hui ! Telles sont les suites d'une seule imprudence ! Adieu, ami ; merci des peines que tu as prises pour moi ; tu ne peux plus m'être utile.

Ils se séparèrent les larmes aux yeux. Quand Armand fut rentré, il brûla le passe-port qu'il venait de se procurer pour Gustave, et qui ne pouvait plus lui être d'aucun usage.

Quant à Gustave, il fut conduit en prison, pour y attendre son jugement. Il ne comptait pas sur la mansuétude de ses juges ; il se figurait bien que son ennemi, plus irrité que jamais contre lui, ne négligerait rien pour que sa condamnation fût aussi sévère que possible.

— Malheureuse légèreté ! s'écria-t-il. Pourquoi

n'ai-je pas patiemment attendu le retour d'Armand ! Aujourd'hui je serais libre et heureux, tandis que me voilà de nouveau jeté dans une prison, sans que je sache si jamais le sort qui s'est attaché à moi me sera favorable ! Ma pauvre mère avait bien raison, quand elle me disait : « La légèreté et l'inconséquence sont pires souvent que la perversité du cœur. »

CHAPITRE NEUVIÈME.

Le Galérien.

Cette fois, Gustave ne resta pas longtemps en prison, et il ne tarda pas à connaître son sort. Dupuis avait hâte de le lui faire connaître le plus tôt possible. Il tardait à ce misérable de se repaître de la douleur de son ennemi, et son cœur bondissait de joie en pensant à son humiliation. Son influence sur l'esprit du lieutenant de police étant connue, il n'eut pas de peine à décider les juges à traiter Gustave avec la dernière rigueur, et il savait d'avance la peine à laquelle il serait condamné. Le lendemain de son arrestation, Gustave parut devant ses juges.

Dupuis, qui était faible encore, par suite de la violence du coup qu'il avait reçu, parut comme plaignant, la tète enveloppée de bandes. L'affaire fut bientôt terminée, parce que Gustave ne nia pas ce qu'il avait fait. Il attendit son jugement avec inquiétude, et Jean Dupuis, les yeux fixés sur lui, se repaissait des tortures auxquelles il était en proie.

Le jugement fut conçu en ces termes : « Gustave Westmore est condamné à être fouetté, marqué, et aux galères à perpétuité. »

— O mon Dieu! s'écria l'infortuné, et il tomba sans connaissance.

C'était plus sévère encore qu'il ne se l'était imaginé, bien qu'il ne s'attendit pas à rencontrer de la clémence chez ses juges, sur l'esprit de qui son ennemi ne pouvait manquer d'exercer une puissante influence. Les galères à perpétuité! banni pour toute la vie de la société des gens de bien et condamné à vivre avec le rebut de la société, être accouplé à des voleurs et à des assassins; perdre, en un seul jour, son honneur, sa réputation, l'espérance d'un meilleur avenir, c'était perdre tout ce qui peut attacher à la vie! Il eût paru plus doux à Gustave de mourir de la mort la plus terrible que de subir la peine à laquelle il était condamné. On l'emporta sans connaissance de la salle où la sentence venait d'être prononcée.

Quand Gustave eut repris ses sens, il se vit les mains et les pieds chargés de lourdes chaînes, et placé dans une voiture de transport, entouré de soldats de la maréchaussée ; autour de lui étaient cinq à six autres hommes condamnés comme lui aux galères. Quelle société pour cet infortuné jeune homme ! On lisait sur le visage de ses compagnons la dégradation la plus profonde. Leur langage grossier était accompagné des jurements les plus impies. Quand Gustave eut contemplé les misérables auxquels il était associé pour la vie, il comprit mieux encore qu'il ne l'avait fait jusqu'alors toute l'étendue de son malheur. Passer sa vie entière avec de semblables êtres, avoir avec eux des rapports de tous les instants, avoir les oreilles incessamment souillées de leurs infâmes propos, c'était horrible ! En ce moment il se prit à regretter son cachot de la Bastille et la société de son innocente araignée. Il comprenait alors qu'il était moins douloureux de passer sa vie loin de la société de ses semblables qu'avec des criminels qui n'avaient rien qui rappelât l'humanité. Gustave leva ses regards vers le ciel, et cacha son visage dans ses mains, sans rougir des sentiments qui l'animaient. Il fit peu d'attention aux injures que ses compagnons ne cessaient de lui adresser.

Quand la plus violente explosion de la douleur fut passée, il tomba dans un abattement complet, et ne revint à lui que pour garder le plus grand silence. Il ne prêta l'oreille à aucun de leurs discours, ne parut entendre aucune de leurs plaisanteries grossières ; en un mot, il n'eut avec eux d'autres rapports que ceux qui résultaient de sa malheureuse position. Il n'ouvrait pas la bouche, ne proférait aucune plainte, ne demandait aucune grâce. La fermeté avec laquelle il paraissait supporter son malheureux sort frappa assez vivement ses compagnons, qui n'avaient, malgré leurs fanfaronnades, qu'un courage factice, et ils finirent par ne plus s'occuper de lui; cependant, de temps à autre, il ne pouvait échapper à quelque plaisanterie grossière.

On arriva à Brest, où ils devaient résider, s'ils n'étaient pas appelés à servir sur les galères.

Gustave supporta avec courage le châtiment corporel auquel la méchanceté de son ennemi l'avait fait condamner, et l'infâme supplice de la marque, qui lui imprimait, pour toute la durée de sa vie, le sceau de la réprobation. Tandis que son visage mâle et ferme ne trahissait aucune douleur, la honte et le chagrin rongeaient son âme et lui faisaient souffrir mille maux. Il appelait la mort à son secours et demandait à Dieu, les larmes aux yeux, de l'arracher de cette vallée de larmes. Cette fois, le Seigneur n'exauça pas sa prière; il fut envoyé au bagne, et alors commença pour lui une vie d'humiliation.

Il serait inutile de parler plus longuement des sentiments qui agitaient le pauvre Gustave; il souffrait d'autant plus qu'il comprenait que ce n'était qu'à lui seul qu'il devait les maux qu'il souffrait, et il savait que sa légèreté avait attiré toutes ces souffrances sur sa tête. Les jours s'écoulaient sans qu'il y eût dans sa vie un seul instant de sérénité. Il était, ainsi que ses compagnons d'infortune, employé toute la journée à des travaux pénibles, et, tous les soirs, il rentrait dans sa prison le corps brisé par la fatigue et l'esprit ulcéré d'humiliations que lui infligeaient ses grossiers surveillants.

Il dormait sur les froides dalles du bagne avec son bras pour oreiller ; les propos cyniques ou impies de ses compagnons étaient son unique distraction ; aussi n'espérait-il de salut que dans la mort ; c'était la seule de ses espérances qui ne se fût pas évanouie. Il s'éloignait de ses compagnons d'infortune, vivait à l'écart, ne parlait à personne ; ce qui lui attirait de leur part un mépris profond et une dureté impitoyable.

Il y avait déjà quelques mois que Gustave menait cette triste vie, lorsqu'un soir, un des prisonniers à qui, jusqu'à ce moment, il n'avait fait aucune attention, vint à lui, et le tira de sa rêverie en lui frappant légèrement sur l'épaule. Gustave leva la tête et lui demanda avec douceur :

— Que me veux-tu, Georges ? Veux-tu me tourmenter comme les autres ?

— A Dieu ne plaise. J'éprouve pour toi un profond sentiment de compassion ; veux-tu devenir libre comme tes camarades ? Ils voulaient te laisser de côté, parce que tu as l'air de faire fi d'eux ; mais je ne l'ai pas voulu.

Un sourire de doute vint errer sur les lèvres de Gustave.

— Tu te moques de moi, lui dit-il. Va, je t'en prie, ne joue pas avec mes chagrins.

— Je t'assure que c'est très-sérieusement que je te parle. Il me semble que tu aurais déjà dû penser, en voyant ma conduite à ton égard, que je ne te veux pas de mal. Veux-tu, oui ou non, fuir avec nous? Dans ce dernier cas, tu nous promettras de ne pas nous trahir.

— C'est donc sérieusement, bien sérieusement, que tu parles? lui dit Gustave, dont les yeux brillaient de joie. Fuir! Oui, je le veux; je fuirais jusqu'au bout du monde pour échapper à la méchanceté des hommes. Oui, fuyons, Georges, de ce bagne immonde.

— Diable, tu es bien pressé! Cela ne va pas si vite. Tiens, prends cette lime, et coupe tes fers jusqu'à ce qu'il n'en reste qu'une petite épaisseur, afin que tu puisses les briser à un moment donné. Sois prudent et discret : la moindre parole imprudente, la moindre action inconsidérée anéantirait nos projets. Demain au soir, si tout va bien, nous serons libres. Une partie de la garnison quitte Brest demain matin; elle sera relevée par d'autres troupes, les postes sont incomplets et sont faciles à enlever. Nous travaillons dans le port. Aussitôt que je crierai : Allons, camarades! tu briseras ta chaîne, tu t'empareras d'une des barques si nombreuses qui fourmillent dans le port, et nous nous dirigerons vers les côtes d'Angleterre. Ce plan est infaillible si nous ne nous trahissons pas nous-mêmes. Si, au contraire, nous manquons notre coup, nous sommes perdus, et perdus pour toujours.

Gustave promit d'agir avec prudence et se mit à travailler activement à scier ses fers. Ce fut bientôt fait. Aussi, pour la première fois, alla-t-il avec joie reposer ses membres brisés par la fatigue. Quoique frappé par la rigueur des lois, il était autorisé à chercher à recouvrer par la fuite la liberté qu'on lui avait ravie, d'autant plus que la peine qu'on lui avait infligée était en disproportion avec l'étendue de sa faute. Il dormit d'un profond sommeil, et au milieu de la nuit il rêva à sa mère, à sa patrie; aussi le lendemain se leva-t-il le cœur rempli d'une douce espérance Le cœur lui battait de joie en songeant que le soir peut-être il allait recouvrer sa liberté. Son visage était rayonnant, et il aurait pu être remarqué par ses surveillants; mais comme il sentait que la réussite de ce projet dépendait surtout du mystère avec lequel il serait conduit, il cacha les sentiments qui l'agitaient, de manière à n'exciter l'attention d'aucun surveillant. La dernière leçon qu'il avait reçue lui avait prouvé que la prudence est une des vertus les plus essentielles à l'homme; il comprenait qu'il valait mieux obéir à la voix de la raison qu'au délire d'une imagination exaltée.

Par malheur, tous les galériens n'étaient pas

animés des mêmes sentiments. Il y avait parmi eux des hommes plus âgés que Gustave, mais qui n'étaient pas, comme lui, riches en expériences amères ; ceux-là avaient l'air de triomphateurs : ils semblaient dire, par leurs regards hautains et superbes : « Bientôt nous ne serons plus obligés de courber la tête sous un joug de fer, nous serons libres ! Qui saura où nous serons demain ? » Georges avait beau leur lancer des regards foudroyants, pour réprimer ces imprudents accès d'orgueil, et leur faire comprendre que la moindre indiscrétion pouvait non-seulement compromettre la réussite de leur projet, mais rendre leur sort plus dur encore qu'il ne l'était, ils n'en étaient pas plus circonspects pour cela.

Les surveillants étaient sans soupçon, et les imprudences de quelques têtes exaltées n'auraient pas eu de conséquences funestes pour les conjurés, s'il n'était pas arrivé un événement qui compromit leurs projets.

Une fois arrivés dans le port, les galériens reprirent leur travail de la veille avec leur insouciance accoutumée. Un seul individu, qui s'occupait plus de la délivrance même que des conditions indispensables pour en assurer la réussite, commit une faute qui lui attira, de la part des surveillants, non-seulement des paroles injurieuses, mais encore des coups de canne. Il jeta des regards de colère sur ses bourreaux, mais fit taire les sentiments qui agitaient son esprit. Les soldats étaient encore là, quoiqu'ils fussent près de partir. Ils attendaient le signal du départ. Les tambours résonnèrent, le fifre à la voix aiguë vint mêler ses petites notes aux graves batteries, les officiers firent le commandement du départ. Toute la colonne s'ébranla et partit. A peine les derniers uniformes avaient-ils disparu, et déjà même la musique ne s'entendait plus de loin, quand le jeune délinquant, qui suivait de l'oreille le roulement du tambour pour savoir s'ils s'éloignaient réellement, se reposa sur sa bêche. Le gardien survint et l'apostropha de la manière la plus blessante, et troubla par un vigoureux coup de fouet les rêves délicieux dont se berçait le prisonnier. Il se redressa, maîtrisa la colère qui s'emparait de lui et se remit au travail sans répliquer un seul mot, afin de ne pas éveiller les soupçons. Ce qu'il n'avait pas fait, le fut par un de ses compagnons d'infortune, qui, ayant vu avec indignation la conduite brutale du surveillant, murmura entre ses dents :

— Patience, nous verrons dans une heure ! Rira bien qui rira le dernier.

Le surveillant entendit ces paroles et en fut frappé. Il était évident, d'après ce qui venait d'être dit, qu'il y avait quelque complot, et que les galériens attendaient, pour mettre leur projet à exécution, que les soldats fussent éloignés. Il observa alors les galériens plus attentivement et remarqua qu'ils échangeaient souvent entre eux des regards qui devenaient significatifs pour lui ; ils n'avaient plus cette morne apathie, cette insouciance qui est le trait le plus particulier du caractère de l'esclave. Leurs visages avaient un air de sérénité qui annonçait quelque grand dessein. Le travail avait beau être fait comme à l'ordinaire, il était évident que leurs pensées étaient ailleurs. L'œil défiant du gardien saisit sur-le-champ tout le fil de cette conjuration et ne douta plus qu'elle était sérieuse. Après avoir réfléchi pendant quelques instants, il fit venir un des sous-inspecteurs et lui dit, assez haut pour que les galériens l'entendissent :

— Jacques, prends un instant ma place ; je vais au cabaret boire un verre de vin.

Il se rendit en effet au cabaret qui touchait au port ; mais au lieu d'entrer dans la salle commune, il passa par une porte dérobée et alla trouver le commandant militaire de la ville, à qui il rapporta ce qu'il avait entendu. Il le pria de rappeler les soldats, qui n'étaient pas à plus d'un quart d'heure de la ville. Le commandant fit seller un cheval sur-le-champ et envoya son domestique dire au commandant du détachement qui partait de revenir sur ses pas. Il réunit un petit corps de grenadiers, afin de pouvoir prévenir l'explosion du complot et donner au détachement le temps de revenir. Le surveillant retourna à son poste.

Rien n'annonçait encore que les prisonniers fussent animés de quelque grand dessein. Ils travaillaient avec la même activité. Le gardien comptait les minutes et trouvait bien lent le retour des soldats. Cependant un œil attentif eût lu dans tous les regards une impatience mal dissimulée. De temps à autre on jetait les yeux du côté de Georges, qui ne se pressait pas de donner le signal, soit qu'il n'eût pas encore remarqué dans le port un bâtiment propice à l'accomplissement de son dessein, soit qu'il voulût attendre que les soldats fussent plus éloignés ; car les gardiens pouvaient opposer une résistance plus vigoureuse qu'on ne s'y attendait, et il ne fallait pas avoir, en outre, les soldats sur les bras. Pourtant le moment lui sembla bientôt propice. Il se leva et s'écria d'une voix pleine d'inspiration, en jetant sa bêche loin de lui :

— Il est temps, camarades, marchons.

Un mugissement sauvage fut la réponse des galériens. Les instruments de travail qu'ils tenaient à main furent jetés, les fers furent brisés. Les gardiens étaient pétrifiés. Ce ne fut que quand les galériens marchèrent à eux avec l'intention de les attaquer qu'ils reprirent courage, et se préparèrent à la résistance. Les plus résolus déchargèrent leur fusil dans le plus épais de la masse des galériens et coururent en toute hâte à la porte du port, pour donner aux gardiens l'ordre de la fermer sur-le-champ. Cette mesure, que Georges avait prévue et contre laquelle il s'était prémuni, aurait été sans résultats si au même moment les soldats ne fussent pas arrivés au pas de charge sur le lieu du combat. Les tambours battirent la charge, les soldats couchèrent en joue les révoltés et les officiers lançaient leurs chevaux contre les fugitifs, en menaçant de faire fusiller tout ce qu'il y avait de vivant dans le bagne, si on ne se soumettait pas sur-le-champ. La terreur, le trouble avaient glacé l'âme des galériens. Georges seul se chargea de la réponse.

— Camarades, s'écria-t-il, tout est perdu. Le meilleur parti que nous ayons à prendre est de nous soumettre ; car ce serait une folie de vouloir engager le combat. Malheur à celui qui nous a trahis !

Les gardiens qui avaient été terrassés se relevèrent, la plupart couverts de blessures. Les soldats formèrent un cercle étroit autour des insurgés, qui furent conduits à la prison, dans laquelle personne d'entre eux ne croyait rentrer. On remit des fers neufs à tous ceux qui avaient brisé les leurs, et, après une inspection minutieuse, on trouva la lime qui avait servi à couper les fers. Non-seulement cette tentative d'évasion était avortée, mais toute tentative ultérieure devenait impossible, et il fallait s'attendre à ce que les gardiens redoubleraient de rigueur et de vigilance.

Le désespoir était peint sur tous les visages, Gustave surtout était anéanti. Ses plus chères espérances s'évanouissaient. Il y avait évidemment eu parmi ses compagnons d'infortune quelque imprudent qui avait mis sur la trace du complot. Il avait appris par hasard quel était celui dont les paroles inconsidérées avaient fait évanouir leurs projets. Malgré son mécontentement, il ne trahit pas le malheureux, qui eût été infailliblement sacrifié par ses camarades. Comme il se tut, personne ne put deviner comment l'autorité militaire avait été avertie en temps si opportun de cette tentative d'évasion : il n'y eut que Gustave et le coupable qui en connurent la véritable cause.

CHAPITRE DIXIÈME.

—

Le Naufrage.

Quoique ce fût un bonheur pour les habitants du pays que les galériens, composés de scélérats, de faussaires, de brigands, d'assassins, à l'exception de Gustave, eussent échoué dans leur projet d'invasion, car ils n'auraient pas manqué de se livrer de nouveau à leur déplorable genre de vie, leur insuccès n'en était pas moins pour eux un malheur, et ils le ressentirent bientôt.

Georges, considéré comme le chef du complot, fut passé par les verges, puis condamné à mort. Les autres furent envoyés dans différents bagnes, les uns à Marseille, d'autres à Toulon. Ce fut même le sort de la plupart, qui furent envoyés à bord des galères, service bien autrement dur que celui du bagne. Ce fut celui de Gustave, qui accepta avec résignation cette nouvelle preuve de l'acharnement que le sort mettait à le poursuivre. C'était un travail assez fatigant que d'être pendant tout le jour enchaîné à un banc et de manœuvrer la rame. La nourriture était plus mauvaise encore qu'au bagne, et le pire de tout était qu'il fallait être en contact plus immédiat avec des criminels endurcis. Ce fut pour lui un sujet de profonde tristesse, et il appela de nouveau la mort à son aide.

Le malheureux oubliait que celui qui commande aux tempêtes tient dans sa main le sort des faibles humains, et emploie souvent, pour les conduire dans la voie du salut, les plus rudes épreuves. C'était ce qui arrivait à Gustave ; le Seigneur avait voulu qu'il touchât à sa délivrance en passant par cette atmosphère empestée, souillée par ces criminels.

Il y avait un mois à peine que Gustave était sur sa galère, et ce mois lui avait paru une éternité, quand la galère alla croiser sur les côtes de Portugal. Le jour était brûlant et le soleil tombait d'aplomb sur la tête nue des pauvres rameurs. Quoique la sueur couvrît leur front, le capitaine les pressait de redoubler de vitesse, et le fouet des surveillants prouvait qu'il voulait sérieusement qu'on se pressât. Il avait pour cela d'excellentes raisons : les nuages s'amoncelaient dans l'ouest, et tout annonçait l'approche de la tempête.

— Courage, courage, galériens ! doublez de vitesse, s'écria-t-il en regardant dans la direction du couchant avec un œil inquiet. François, frappe à tour de bras sur cette canaille, si elle n'obéit pas. Par saint Jean, mon patron, nous sommes tous perdus, si, dans une heure, nous n'avons pas gagné le port. Allons, corbleu ! du courage, ne faiblissons pas ; le soleil est sur le point de disparaître, et nous sommes encore à trois lieues de la côte. Frappe donc dessus, François ; ces misérables-là ne veulent pas marcher, et ils nous feront tous noyer.

Le fouet retentissait sur les épaules des malheureux captifs, qui faisaient force de rames et avaient à ce rude métier les mains tout en sang. Ils étaient couverts d'écume, hors d'haleine, presque tous dans l'impuissance de continuer plus longtemps à ramer. La galère volait sur les flots avec la rapidité de l'hirondelle, et s'approchait toujours de plus en plus du port. La tempête était plus rapide encore que la galère, et le vent d'ouest soufflait avec violence ; les vagues s'élevèrent et se convertirent en immenses montagnes d'écume ; le navire, pris par le travers, fut jeté sur le côté ; au même moment, l'éclair sortit du sein des nuages et sillonna le ciel en longs serpents de feu ; on entendait au loin gronder la foudre, et la mer en courroux faisait crier et craquer toutes les membrures de la galère.

Le capitaine finit par perdre toute son assurance; il n'avait jamais vu un ouragan si terrible.

— Nous sommes tous perdus! s'écriait-il; le vent porte à la côte et nous allons être brisés le long des rochers.

Il s'arrachait les cheveux, et il descendit dans sa chambre, pour demander à une bouteille de rhum, qu'il caressait souvent, le courage qui lui manquait.

— Le lâche! le misérable! murmurait François, qui avait, sur ses ordres, impitoyablement frappé les malheureux attachés aux bancs des rameurs.

— Le lâche! le cruel! pensait Gustave. C'est toujours dans la poitrine de ces hommes sans courage qu'on trouve de la cruauté.

Les rameurs avaient suspendu leur travail, et regardaient avec horreur la côte vers laquelle le vent les poussait. Ils secouaient leurs chaînes avec rage, et demandaient à grands cris qu'on les détachât.

François, à qui s'adressaient ces supplications, regardait Gustave avec hésitation. Il fut frappé du calme avec lequel ce jeune homme regardait la tempête, et la mort qui approchait.

— Pourquoi ne pleures-tu pas comme les autres? lui demanda François; as-tu donc l'espoir d'être sauvé?

— Pas le moins du monde; mais je regarde la mort comme moins horrible que la vie que je mène ici.

— Que dois-je faire de tes camarades ?

— Les déchaîner, afin de leur permettre de sauver leur vie, s'il est possible. On les a condamnés aux galères et pas à mort, tandis qu'ils périront tous infailliblement, si on les laisse enchaînés leurs bancs.

— Tu as raison, s'écria François ; si le navire choue, ils tâcheront de gagner le rivage.

Sans demander les ordres du capitaine, il détacha un à un les forçats, en commençant par Gustave. Ce fut pour ces infortunés un jour de fête, bien que rien ne fût moins gai que leur délivrance. Quant à Gustave, il ne donnait aucun signe de joie. Debout, les bras croisés, il était à l'avant de la galère et regardait les brisants qui mugissaient en frappant les rochers, et couvraient de leur bruit celui du tonnerre. La galère volait à sa perte avec la plus surprenante rapidité. Malgré les motifs que Gustave avait pour ne pas tenir à la vie, et quoiqu'il fût prêt à mourir, il ne pouvait s'empêcher de frémir en voyant le spectacle horrible de ces convulsions de la nature. La galère, ballottée par les flots et couverte à chaque instant par les lames, voguait de tous les côtés ; elle était devenue le jouet des flots, et roulait sur les ondes comme l'eût fait un tonneau vide.

Un cri terrible, parti de toutes les bouches, annonça que le navire avait été vaincu par la tempête. Au bout de quelques instants, il ne restait plus que des débris de la galère, et l'équipage avait disparu dans les flots.

Le soleil venait de se lever radieux, et chassait devant lui les quelques nuages qui flottaient encore au ciel, quand un jeune homme pâle, et couvert à chaque instant par les dernières vagues qui venaient se briser faiblement sur la côte, se leva péniblement, jeta un regard interrogateur sur la vaste étendue des mers, et, étant resté pendant quelques instants la tête appuyée sur ses mains, comme s'il cherchait à rappeler des souvenirs confus, il s'écria :

— Où suis-je, grand Dieu? Je vis encore. La profondeur des mers n'est pas devenue mon tombeau ; serais-je sauvé ! Oui, je suis sauvé ! s'écria-t-il avec l'accent de la joie. Une vague compatissante m'a sans doute porté doucement sur la plage, puisque je n'ai pas été brisé. Qu'est devenue la galère? que sont devenus mes camarades?

Il eut beau promener ses regards interrogateurs sur la vaste étendue des mers, il n'aperçut rien à la côte, ni débris, ni traces de créatures humaines vivantes ou mortes. Il chemina le long de la côte, cherchant partout s'il ne verrait pas de vestiges du naufrage auquel il avait seul échappé. Il s'assit sur un rocher et laissa tomber sa tête sur sa poitrine.

— Je suis sauvé, et sauvé seul parmi tant de

créatures vivantes qui luttaient contre la mort, tandis que moi je la regardais comme un bienfait. Grand Dieu, vos décrets sont impénétrables ! Les faibles mortels doivent s'incliner avec respect devant vous et vous adorer en silence; car tout ce que vous faites est bien fait, puisqu'il émane de votre divine sagesse. Je n'ai donc qu'à tomber à genoux et vous remercier de m'avoir délivré du plus honteux esclavage et d'avoir complété vos bienfaits en me sauvant la vie.

Gustave, car c'était lui, jura solennellement à la face de l'Éternel, en présence de qui il se trouvait en ce moment, qu'il ne retomberait plus dans aucune des fautes qui avaient attiré tant de malheurs sur sa tête. Il pénétra dans l'intérieur du pays, et arriva à la porte d'une pauvre cabane : il frappa, et la porte lui fut ouverte par un vieillard, qui le fit entrer dans sa petite chambre, lui donna de la nourriture, car l'épuisement de Gustave avait encore pour cause une longue abstinence, et lui céda son lit, sur lequel Gustave se jeta. Au bout de quelques instants, il était tombé dans un profond sommeil. Le vieillard le regardait en souriant et se réjouissait de le voir réparer ses forces par un si doux repos. Comme il était encore de bonne heure, il s'étendit sur le plancher de sa chaumière, se couvrit de son manteau et s'endormit.

CHAPITRE ONZIÈME.

Le Retour.

Pour ne pas réveiller son généreux hôte, Gustave se leva doucement; mais il ne put le faire avec assez de précaution pour que le vieillard ne l'entendît pas. Lui-même se leva, prépara un déjeuner un peu plus fortifiant que le repas de la nuit, et tous deux mangèrent de bon appétit. Ils essayaient vainement de se faire entendre l'un de l'autre, quand Gustave, qui jusque-là avait toujours parlé français, dit quelques mots en anglais.

—Vous parlez anglais? lui demanda le vieillard. Nous n'avons plus besoin de nous fatiguer à employer le langage des signes; j'ai servi pendant longtemps, comme matelot, à bord d'une frégate anglaise, et je n'ai pas oublié cette langue.

Gustave fut ravi de pouvoir converser avec le vieillard, à qui il dit qu'il était Anglais; il lui raconta comment il avait été jeté à la côte, et ne lui cacha pas par quelle suite d'événements, dus à la légèreté de son caractère, il se trouvait à bord du navire français.

— Celui qui avoue ses fautes est bien près de s'en corriger, lui dit le vieillard. Je suis convaincu que maintenant vous désirez ardemment revoir votre patrie.

— Hélas! oui; car j'ai bien des fautes à réparer, bien des erreurs à faire oublier. Il faut que je sèche les pleurs de ma mère, qui souffre pour moi depuis tant d'années. Je ne sais si Dieu me soutiendra dans mes bonnes résolutions, et je crains encore que mon caractère ne me cause de nouveaux malheurs.

— Ne craignez rien, mon fils. Dieu ne vous a soumis à de si rudes épreuves que pour opérer en vous un changement qui ne peut manquer de s'accomplir; mais il faut, pour cela, que vous vous recommandiez toujours à lui dans vos prières et que vous n'oubliiez jamais d'adresser vos hommages à la sainte mère de Dieu, à cette consolatrice des affligés.

— Jamais je n'oublierai d'élever mon âme vers le ciel, et je remercierai Dieu chaque jour de m'avoir si miraculeusement sauvé.

— Maintenant, mon fils, il faut changer ces lambeaux de vêtement contre un simple mais bon costume de marin. Il faut, avant tout, que vous évitiez de vous faire connaître; car vous seriez perdu. Croyez-moi, partez pour Lisbonne : vous y trouverez des navires anglais qui vous transporteront gratuitement dans votre patrie ; vous pourrez encore obtenir le passage en rendant quelques services à bord. Courage, bon jeune homme; partez, je prierai Dieu de veiller sur vous.

Gustave fit ses adieux au bon vieillard et se mit en route. Comme le vieux matelot ne pouvait pas lui donner d'argent, il lui donna quelques provisions, pour qu'il ne dépensât rien dans sa route. Gustave se mit gaîment en route, mangeant son pain dur quand la faim se faisait sentir, buvant de l'eau, couchant à la belle étoile. Ce fut ainsi qu'il gagna Lisbonne, qui était à 120 kilomètres du point d'où il était parti. Comme il était encore brisé des suites de son naufrage, il mit quatre jours à parcourir cette distance.

Quand il fut arrivé dans cette ville, son premier soin fut d'aller sur le port et de s'informer s'il n'y avait pas quelque navire en partance. Il n'y avait qu'un seul navire qui dût partir pour l'Angleterre.

— Quand part ce navire?

— Demain, répondit un matelot à qui Gustave s'était adressé.

— Où puis-je parler à votre capitaine?

— Le capitaine Wilson est à la taverne que vous

voyez d'ici ; il est occupé avec des marchands qui ont des marchandises à bord.

— Votre capitaine a-t-il un cœur compatissant ?

— Il est doux comme un mouton, quand on fait son devoir ; mais il est méchant comme un loup, quand on bronche.

Le matelot conduisit Gustave à la taverne, et avant de le quitter, il parla en sa faveur à son capitaine. Celui-ci dit à Gustave d'attendre que les marchands fussent partis pour qu'ils pussent s'entretenir avec plus de liberté.

— Mon ami, lui dit le capitaine Wilson, quand ils furent seuls, quel service puis-je vous rendre ?

— Je voudrais retourner en Angleterre.

— Très-bien, rien même de plus facile. Avez-vous de l'argent ?

— Pas un schelling ; mais, une fois arrivé, je vous paierai tout ce que vous voudrez.

— J'ai tant de fois été dupe de semblables promesses, que je n'y crois plus maintenant. Non pas que vous ne me paraissiez un fort honnête garçon, mais, comme on dit, chat échaudé craint l'eau froide. Je regrette de ne pas pouvoir vous prendre à mon bord.

— Si je pouvais, comme matelot, vous rendre quelques services ?

— J'en ai plus qu'il ne m'en faut.

— Il faudra donc que je reste ici ! qu'y ferai-je ?

— Si vous avez du courage, vous ne mourrez pas de faim. Tenez, il me vient une idée : écrivez à votre mère ; je me charge de votre lettre, et, à mon prochain voyage, je vous emmènerai, si je reconnais que vous dites la vérité.

Gustave écrivit à sa mère une lettre dans laquelle il lui faisait connaître succinctement ce qui lui était arrivé et sa miraculeuse délivrance. Il lui disait qu'il était pour jamais guéri des erreurs de sa vie, et qu'il n'avait rien tant à cœur que de lui donner autant de satisfaction qu'il lui avait causé de peine. Quand il eut fini, il remit sa lettre au capitaine, qui lui fit donner à dîner, et le quitta en lui disant qu'il ne tarderait pas à revenir.

Au bout d'une heure, le capitaine Wilson rentra ; il tendit la main à Gustave et lui dit ;

—C'est décidé, je vous emmène. Je vous avouerai que, dans votre intérêt, j'ai lu votre lettre : tout ce que vous y dites vous fait honneur ; vous êtes un brave garçon dont la tête est seulement un peu légère ; mais à tout péché miséricorde, et je vous crois, mon cher ami, guéri de vos folies.

Le même jour, Gustave était sur la route de l'Angleterre, où il ne tarda pas à arriver. Le pauvre étourdi reçut de sa tendre mère l'accueil le plus affectueux. Depuis son retour, il a prouvé que les leçons qu'il avait reçues n'étaient pas perdues pour lui. Il est devenu l'orgueil et la joie de lady Westmore, à qui il a fait verser plus de larmes de joie qu'elle n'avait auparavant répandu de larmes de douleur.

FIN DE GUSTAVE.

Le vieux Noir et le jeune Blanc.

Sur la côte occidentale de la Martinique, à l'extrémité sud de la rade du fort Saint-Pierre, s'élève le bourg du Carbet, ainsi nommé de la limpide et large rivière à l'embouchure de laquelle il est situé.

Ce fut sur le chemin bordé de tamariniers et de manguiers qui longe, en remontant, ce superbe cours d'eau, qu'un matin du mois d'octobre de l'année 1841, on vit s'avancer, monté sur un cheval de petite taille, un jeune homme de dix-sept à dix-huit ans, que ses habits de drap et son chapeau de feutre faisaient tout d'abord reconnaître pour un Européen nouvellement débarqué dans l'île.

A côté de lui marchait un nègre d'une cinquantaine d'années. D'une main, il tirait par la bride un mulet chargé de bagages ; de l'autre, il soutenait un vaste parasol au-dessus de la tête de l'étranger qu'il accompagnait et que nous présenterons à nos lecteurs sous le nom d'Octave Blainvilliers.

Né en Europe de parents créoles, Octave avait été laissé par eux à Paris, pour y recevoir une éducation complète. M. et Mme Blainvilliers étant morts peu de temps après leur retour dans la colonie, leur fils était demeuré en France, sous la surveillance d'un correspondant de sa famille, jusqu'à l'époque où, ses études se trouvant achevées, il avait été mandé à la Martinique par M. Fabre, son tuteur.

Ce dernier désirait initier le plus tôt possible Octave à la science administrative, indispensable à tout habitant des Antilles qui passe sa vie dans ses propriétés, selon la coutume presque universelle aux îles. La plupart des créoles consacrent seulement à leurs amis les instants de loisir que leur laisse l'exploitation de leurs sucreries et de leurs caféières.

Cependant ce n'était pas dans sa propre plantation, située près de Macouba, à une grande distance du Carbet, que le jeune Blainvilliers allait commencer son noviciat de colon. Cette plantation, où l'on cultivait uniquement l'espèce de tabac si estimée des *priseurs*, qui croît dans la partie septentrionale de la Martinique, était confiée aux soins d'un gérant aussi probe qu'expérimenté.

Ainsi, jusqu'à sa majorité, Octave ne pouvait mieux faire que de résider auprès de M. Fabre, qui, tout en vaquant à ses propres affaires, apprendrait à son élève à diriger aussi les siennes.

Depuis huit jours que le bon et prévoyant tuteur attendait d'un moment à l'autre l'arrivée du fils unique de son défunt ami, il avait envoyé au Fort-Royal un esclave de confiance, pour recevoir à son débarquement et ensuite conduire à l'habitation le jeune homme, qu'un bâtiment de commerce ayant Cuba pour destination devait déposer à la Martinique avec d'autres passagers.

Bien qu'âgé de près de soixante ans, et naturellement peu disposé à tout déplacement qui contrariait ses habitudes, M. Fabre serait allé lui-même au-devant de son pupille, si une indisposition de sa femme, dont la santé fort délicate exigeait de grands ménagements, ne l'eût retenu à son habitation. Mais le navire qui portait Octave et plusieurs créoles de l'île, contrarié dans sa marche par une tempête, n'avait pu entrer, suivant l'intention du capitaine, dans la baie du Fort-Royal; il ne s'était arrêté que dans la rade de Saint-Pierre, d'un accès beaucoup plus facile par un gros temps.

Heureusement pour le jeune Blainvilliers, il se trouva parmi les passagers qui débarquèrent avec lui au Carbet, un négociant de cette ville. Après lui avoir offert de se reposer dans sa maison, ce négociant lui donna, pour lui servir de guide jusqu'à l'habitation de M. Fabre, un de ses esclaves appelé Timothée.

Le jeune blanc et le vieux noir cheminaient donc silencieusement à côté l'un de l'autre depuis environ une demi-heure, lorsque Octave, dont l'attention avait été jusqu'à ce moment absorbée par la contemplation du paysage, d'un genre nouveau pour lui, qui se déployait sous ses yeux, se prit soudain à examiner son compagnon, dont la physionomie profondément soucieuse l'émut de pitié.

— Peut-être, pensa-t-il, ce pauvre esclave souffre et gémit depuis son enfance... Pourtant, ce négociant, son maître, a l'air d'un brave homme... Interrogeons le vieux noir... S'il est réellement malheureux, je prierai mon tuteur d'en faire l'acquisition pour mon service particulier... Le propriétaire de Timothée ne doit guère tenir à conserver un serviteur aussi âgé et, à ce qu'il me semble, assez indolent... D'ailleurs, je le paierai ce que l'on voudra, et, quand il m'appartiendra, je l'affranchirai.

Ainsi raisonnait mentalement le jeune Blainvilliers. Persuadé que l'esclavage est la plus cruelle et la plus dégradante condition dans laquelle l'homme puisse se trouver, il plaignait du fond de son cœur le sort des malheureux nègres privés de leur liberté et soumis aux caprices quelquefois bar-

bares du premier venu assez riche pour acheter en toute propriété un homme.

Les idées d'Octave à ce sujet étaient bien un peu exagérées. Avant l'émancipation des noirs dans nos colonies, un esclave ne pouvait passer d'un maître à un autre qu'avec son propre consentement, et il était très-rare aux Antilles françaises, dont les habitants avaient la réputation de traiter les noirs comme des serviteurs gagés plutôt que comme des esclaves, il était très-rare, disons-nous, que les tribunaux eussent à sévir contre des abus de pouvoir.

Donc, le jeune Blainvilliers, désireux de marquer par un acte de philanthropie le jour de son arrivée dans le pays de ses parents, cessa un instant de promener ses regards sur les champs de cannes, les plantations de cacaoyers ou de caféiers et les bois d'arbres chargés tout ensemble de fruits et de fleurs, qui s'étendent sur un terrain singulièrement accidenté, jusqu'au pied du piton du Carbet, dans les flancs duquel la rivière prend sa source.

— Timothée, dit alors Octave à haute voix.

— *Massa*, répondit le nègre.

— Tu parais bien soucieux, bien abattu... Es-tu malade ou simplement fatigué ?

— Moi pas malade, moi pas fatigué... Moi être triste.

— Ne pourrais-tu me confier la cause de ta tristesse ?

— Oh ! pas être un secret, massa. Maître à moi quitter sa maison du Carbet pour aller à la Pointe-à-Pitre.

— Et cela te fait de la peine ?

— Beaucoup peine... Maga pas être en état de suivre Timothée à la Guadeloupe, et Timothée être obligé suivre maître à lui.

— Si un autre blanc de la Martinique te prenait pour le servir..., commença Octave.

— Ça, pas possible, répondit précipitamment le noir.

— Quoi ! ton maître ne consentirait pas à se défaire de toi à aucun prix ?

— Massa vouloir railler vieux Timothée, murmura le nègre en branlant la tête, d'un air fâché.

— Tu te trompes bien. Mes questions n'ont d'autre but que celui de parvenir à améliorer ton sort, qui n'est pas heureux, à ce que je vois. Ainsi, réponds franchement. Qui est cette Maga que tu parais tant aimer, et pourquoi n'est-il pas possible que tu restes dans cette île, soit comme esclave d'un autre habitant, soit comme nègre affranchi ?

— Maga être mère de Timothée, expliqua le noir; Maga être libre depuis beaucoup d'années. Elle, vivre autrefois bien heureuse dans son ajoupa, là-bas, au milieu des bois.

En parlant ainsi, Timothée lâcha la bride du mulet, et montra de la main au jeune Européen un morne couvert de verdure qui se dessinait dans le lointain. Aux Antilles, on appelle *morne* les collines, et *pitons* les hautes montagnes.

— Maga, poursuivit le nègre, flatté de l'intérêt avec lequel l'écoutait son compagnon, Maga avoir amassé petit trésor suffisant pour vivre doucement jusqu'à son dernier jour... Mais avoir été volée par méchant *marron*, et depuis, moi lui porter tout le produit du petit jardin que maître a donné à moi..., car maître être bon pour ses noirs..., moi pas en trouver meilleur... ni pire non plus... Timothée trop vieux pour être acheté seulement vingt *gourdes*. — Une gourde vaut cinq francs.

— Mais, si l'on t affranchissait, ne serais-tu pas content? demanda encore Octave.

— Non, massa; moi pas savoir de métier, et être plus assez robuste pour gagner la nourriture à vieille Maga et moi.

Timothée disait vrai. Dans les contrées tropicales, on vieillit vite, et la force des noirs est presque épuisée à l'âge de cinquante ans. Ils ne peuvent guère alors se livrer qu'à de très-légers labeurs, dont le produit serait insuffisant à les faire vivre, bien que les besoins de ceux qui, étant affranchis, se retirent dans les bois, soient très-bornés. Aussi les maîtres étaient-ils dans l'obligation de garder et soigner leurs esclaves jusqu'à la mort de ceux-ci.

Nous ajouterons encore, pour ceux de nos lecteurs qui ne sont pas au courant des mœurs et coutumes de nos colonies d'Amérique, que la plupart des habitants des îles permettaient à leurs esclaves de cultiver à leur profit un espace de terrain plus ou moins grand à l'entour de leurs cases. Or, quoique le maître de Timothée fût non pas planteur, mais négociant, comme sa maison était située hors de la ville du Carbet, ses noirs jouissaient du même privilége que ceux attachés aux *habitations* proprement dites, c'est-à-dire, aux propriétés rurales.

Ainsi, le fils de Maga trouvait dans le produit de la vente des fruits et des légumes que fournissait son petit jardin, de quoi acheter chaque année, à la vieille négresse, quelques mètres de toile pour se vêtir, trois ou quatre pipes pour fumer le tabac qu'elle cultivait, et préparait de ses propres mains un baril de morue et un quartier de bœuf salé.

A ces achats se bornaient les déboursés annuels de Timothée pour sa mère; car elle n'avait pas besoin de s'écarter beaucoup de sa cabane pour s'approvisionner de cocos, de goyaves, de mangues et de bananes, aussi bien que de patates, d'ignames et de manioc. Ce dernier tubercule fournit (après qu'on l'a pressé soit dans un moulin, soit entre deux pierres, afin d'en extraire tout le suc, qui est très-vénéneux) une fécule fort saine et fort nutritive; on appelle cette fécule, en Amérique, *cassave*, et, en Europe, *tapioca*.

Mais revenons aux deux héros de notre histoire, lesquels étaient arrivés, tout en causant, à l'entrée d'une avenue de lauriers-roses gigantesques dont les fleurs jonchaient le sol à l'entour des arbres.

A l'extrémité de cette avenue se dressait un vaste bâtiment construit en bois et surmonté d'un toit de tuiles peintes en vermillon. C'était la demeure de M. Fabre.

Octave voulut s'y rendre à pied. En conséquence, après être descendu de son cheval, dont il remit la bride à Timothée, il se mit à marcher avec une allure délibérée qui fit hocher la tête au vieux noir.

— Jeune massa pouvoir pas aller loin ainsi, murmura-t-il.

Contrairement à sa prévision, *le jeune massa*, impatient de connaître et d'embrasser son tuteur, continua de se diriger avec une vivacité toute parisienne, vers l'habitation, bravant l'ardeur du soleil, dont les arbres touffus sous lesquels s'avançait notre promeneur ne suffisaient pas à le garantir.

Ce fut donc sans ralentir son pas qu'Octave parcourut l'allée ombreuse et fleurie, et pénétra de plain-pied dans une grande salle oblongue au fond de laquelle une arcade ouverte laissait apercevoir le salon.

Ces deux pièces étaient meublées fort simplement. Dans la première, il y avait des siéges de bambous tressés et une table en ébène poli ; dans la seconde, l'ameublement était en acajou massif et en toile de Perse. On ne voyait nulle part ni rideaux ni carreaux de vitre. L'emplacement des croisées s'y trouvait seulement marqué par des persiennes vertes placées dans diverses directions, de façon à établir des courants d'air incessants. Des boiseries et un parquet de santal donnaient à cet appartement un cachet d'élégance exotique qui frappa cependant moins l'attention du jeune Européen que l'absence de cheminées... A quoi serviraient-elles, en effet, dans un pays où règne un été perpétuel, et où la saison des pluies, qui dure depuis juillet jusqu'en septembre, amène avec elle une chaleur plus torréfiante que dans le reste de l'année?

En voyant paraître Octave, trois ou quatre négresses qui se tenaient dans la salle d'entrée se précipitèrent ensemble dans le salon en criant toutes à la fois :

— Maîtresse, un étranger !

Au même instant, un *blanc*, vêtu, suivant la coutume des planteurs, d'un pantalon et d'une veste de basin, et tenant à la main un chapeau de paille à larges bords, qui, une minute auparavant, abritait sa tête, entra derrière le jeune Blainvilliers. Celui-ci, au bruit de ce pas d'homme, se retourna vivement, et se trouva vis-à-vis de M. Fabre.

A peine le tuteur et le pupille se furent-ils entrevus, qu'ils se devinèrent mutuellement et se jetèrent dans les bras l'un de l'autre. Puis, le bon créole entraîna Octave dans la pièce voisine, à un des angles de laquelle était couchée, sur une chaise longue, une femme blanche, évidemment la maîtresse de l'habitation.

Elle était enveloppée d'un large peignoir de batiste et coiffée d'un madras. Une demi-douzaine de négresses, parmi lesquelles Octave revit celles qui avaient couru annoncer son arrivée, se tenaient accroupies plus ou moins près de Mme Fabre. Deux d'entre elles agitaient de grands éventails de plumes, à manches comme des écrans, et donnaient par ce mouvement une circulation plus active à l'air ambiant, en même temps qu'elles chassaient les moustiques, ce fléau des contrées tropicales. Les autres femmes étaient censées s'occuper à des travaux d'aiguille; les plus laborieuses faisaient peut-être un point par minute.

Mme Fabre accueillit le jeune homme que lui présenta son mari, avec cette hospitalité cordiale et gracieuse qui distingue les habitants de nos colonies; et ce fut le cœur dilaté par l'affectueuse réception qui venait de lui être faite, qu'Octave se retira dans la chambre qui lui était destinée, et où il échangea son habillement européen contre un costume *à la créole*, analogue à celui de son tuteur.

Sa toilette achevée, le jeune Blainvilliers descendit dans le salon, où il retrouva ses hôtes.

Ceux-ci ayant ordonné qu'on apportât des rafraîchissements, des noirs placèrent sur la table d'ébène deux plateaux chargés, l'un de jattes de porcelaine remplies de fruits frais ou confits, l'autre de tasses en argent vermeillé contenant du café ou du chocolat.

Le premier de ces breuvages ne tenta pas Octave, d'abord parce qu'il n'était pas mélangé de crème, les créoles ayant l'habitude de prendre toujours le café à l'eau et très-fort, ensuite parce que le sucre qu'on lui offrit lui parut être de la mauvaise cassonnade : les habitants des Antilles françaises ne pouvant pas, d'après les règlements particuliers à nos colonies, établir de raffineries aux îles, ils ne consomment guère que du sucre brut.

En conséquence, notre Européen opta pour le chocolat, dont il se faisait, en imagination, un véritable régal, sachant que le cacao et la vanille abondent à la Martinique. Mais en ce pays, outre que la fabrication de cette denrée n'a pas encore atteint le même degré de perfection qu'en France et en Espagne, comme les créoles n'y mêlent point de sucre, Octave le trouva si amer, qu'il n'en avala pas plus d'une gorgée. Après quoi, cédant au goût très-prononcé qu'il avait toujours eu pour les confitures, il mangea successivement des tranches d'ananas, des quartiers de cédrat, des goyaves ou poires des Indes qui lui furent présentées dans de petites soucoupes et entourées d'un sirop très-épais. Malheureusement, ce sirop ressemblait un peu à de la mélasse ; du moins, le jeune *sibarite* (on lui avait donné ce surnom au collége) le jugea ainsi. Par exemple, il savoura avec beaucoup de plaisir des oranges exquises et d'excellents cocos.

Pendant cette collation, Octave communiqua à son tuteur son intention d'acquérir et d'attacher à son service personnel le vieil esclave qui lui avait servi de guide depuis le Carbet jusqu'à l'habitation.

M. Fabre approuva ce projet, inspiré à son pupille par un sentiment d'humanité; il lui promit de conclure l'affaire avec le négociant, chez lequel il devait précisément se rendre le lendemain matin, pour régler des comptes importants.

— J'ai prévenu de ma prochaine visite le maître de Timothée, par un billet dont je viens de charger ce dernier, ajouta le créole.

— Timothée est-il déjà parti? demanda Octave.

— Pas encore; il ne reprendra le chemin du Carbet qu'après l'heure de la sieste; car ici, à midi, nul ne s'occupe, nul ne se meut, de quelque manière que ce soit; tout le monde dort ou au moins se repose. Imitez-nous, et allez vous étendre sur votre lit ou sur votre sofa.

— Mais, objecta le jeune homme, je n'ai pas l'habitude de dormir au milieu du jour, et je préférerais beaucoup en ce moment la distraction d'une promenade dans les environs de votre demeure à la fastidieuse oisiveté d'un repos sans sommeil.

— Une promenade à l'heure de la sieste!

s'écria Mme Fabre avec l'accent du plus grand étonnement.

Les femmes créoles ne comprennent pas le goût des Européens pour la marche, goût que d'ailleurs ceux-ci perdent infailliblement après un séjour de quelques semaines sous cet ardent climat.

— Ne vous y hasardez pas, mon jeune ami, continua la bonne dame, d'un ton de sollicitude. Le moindre des risques que vous courriez serait d'être assailli par des nuées de moustiques qui vous cribleraient de piqûres. Croyez-moi, Octave, suivez nos conseils ; restez oisif, si vous ne pouvez dormir.

— Et pour vous récompenser de votre soumission, reprit M. Fabre en riant, je ferai avec vous, à mon retour du Carbet, une excursion à cheval jusqu'aux mornes boisées que vous avez dû apercevoir dans le lointain, en venant ici.

— Ce serait imprudent, remarqua la créole. Vous vous exposeriez à de fâcheuses rencontres.

— Bah ! fit M. Fabre. Que voulez-vous que nous ayons à craindre des mulâtres et des noirs affranchis qui parcourent quelquefois ces solitudes, où ils s'amusent à chasser l'agouti ?

— Et les nègres *marrons ?*

— Je ne m'en inquiète pas. Outre qu'ils ne s'aventurent presque jamais si près des habitations, ils auraient bien plutôt peur de nous que nous d'eux.

Effectivement, aux îles françaises, les marrons (on désigne ainsi les esclaves déserteurs) ne sortaient guère des sombres forêts qui occupent une partie du centre de l'île, et qui leur offraient une retraite inaccessible. Et puis, ils appréhendaient trop d'être rattrapés pour oser attaquer les blancs, dont ils évitaient, au contraire, l'approche.

Octave, après avoir remercié son tuteur de ce projet de promenade, dont il se faisait une partie de plaisir, remonta dans sa chambre et se jeta sur son lit.

Comme, depuis deux nuits, le roulis incessant du navire avait écarté le sommeil de ses paupières, et qu'un sentiment de curiosité mêlée d'une certaine émotion l'avait seul tenu éveillé jusqu'à ce moment, le jeune Blainvilliers, enfin dompté par une lassitude dont il se doutait à peine, mais qui n'en était pas moins très-réelle, ferma bientôt les yeux. Il ne les rouvrit qu'à la nuit; il était alors six heures du soir. Entre les tropiques, les jours et les nuits sont d'une durée à peu près égale pendant toute l'année.

Au premier mouvement que fit Octave, un négrillon qui, couché en travers de la porte de sa chambre demeurée ouverte, attendait le réveil de son nouveau maître, alla chercher dans une pièce voisine une bougie allumée et mise sous une verrine. A défaut de cette précaution, les lumières s'éteindraient à chaque instant par l'effet des courants d'air établis dans toutes les parties de la maison, et sans lesquels il serait presque impossible de respirer.

Octave apprit, par son petit domestique noir, que M. Fabre, ayant reçu une lettre d'un planteur de la paroisse du Mouillage, avec lequel il se trouvait en relation d'affaires, était parti, il y avait environ deux heures, pour cette habitation, où il devait coucher, afin de se rendre, le matin suivant, au Carbet. Selon toutes probabilités, il ne pourrait être de retour chez lui que le surlendemain.

Ces détails, qui furent confirmés à Octave par la femme de son tuteur, le contrarièrent. Il voyait sa promenade dans les montagnes, reculée d'un jour ou deux. Toutefois il ne laissa pas percer son déplaisir aux yeux de Mme Fabre, avec laquelle il passa la soirée. D'ailleurs, il se consola en pensant qu'il pourrait employer agréablement son temps à explorer la propriété de son tuteur, propriété qu'on regardait, à juste titre, sinon comme une des plus considérables, du moins comme une des plus riantes de la Martinique.

Dans ce dessein, Octave, en se couchant, enjoignit au négrillon de le réveiller dès la première aube.

— Moi pas comprendre, répondit l'enfant.

— Quoi ! tu ne sais pas ce que c'est que l'aube ?

— Non, massa.

— L'aube ou l'aurore... c'est la même chose.

— Moi pas connaître davantage aurore.

— Et le soleil, reprit Octave un peu impatienté

de l'ignorance du petit noir, voyons, connais-tu le soleil?

— Oui, massa, affirma le négrillon avec le flegme particulier aux enfants de la race africaine.

— Eh bien! tu m'éveilleras sitôt que le soleil paraîtra.

Le petit noir fit un signe de tête affirmatif; puis, voyant son maître prêt à s'endormir, il s'étendit sur une natte de bambous, à l'entrée de l'appartement.

Le lendemain matin, à six heures précises, le jeune Blainvilliers fut tiré du profond sommeil dans lequel il était encore plongé, par la voix de son jeune serviteur qui l'appelait bien fort, tout en enlevant la moustiquaire dont le lit était enveloppé.

— Oh! s'écria Octave, en voyant les rayons d'or qui dardaient à travers les lames des persiennes et répandaient autour de lui une splendide clarté, il est déjà tard, à ce qu'il me paraît. Je suis sûr qu'il fait jour depuis plus d'une heure.

— Pas deux minutes, dit le négrillon.

— C'est un petit menteur, pensa Octave.

Et, s'habillant à la hâte, il descendit dans la salle du rez-de-chaussée, où une négresse, le voyant entrer, s'empressa de lui servir du café noir, dont les créoles prennent habituellement une tasse en se levant.

Au grand étonnement de la négresse, le jeune blanc, dédaignant la liqueur chaude et parfumée qu'elle lui présentait, but un verre d'une excellente orangeade contenue dans une de ces carafes en terre poreuse qui communiquent aux liquides qu'elles renferment une fraîcheur inappréciable dans des contrées privées de glace. Se munissant ensuite de quelques petits biscuits de farine de riz qui étaient empilés dans une assiette sur la table, Octave sortit de la maison.

Au lieu de suivre l'avenue de lauriers-roses par laquelle il était arrivé la veille, il se mit à errer sous les magnifiques ombrages que formaient, tout autour du bâtiment, des groupes de grenadiers, de citronniers, de yabas, espèce de lilas dont les grappes s'entremêlaient aux branches du frangipanier, cet arbre dont les fleurs exhalent un arome si délicieux.

Bientôt notre jeune homme éprouva le désir, assez naturel chez un blanc nouvellement débarqué, d'aller voir travailler les noirs dont il entendait les chants monotones à peu de distance de l'endroit où il se promenait solitairement.

Il traversa d'abord une espèce de village composé de deux à trois cents cases et de plusieurs autres bâtiments plus vastes qui servaient à l'exploitation de la propriété de M. Fabre. Puis, se dirigeant toujours vers le côté d'où partaient les voix, il ne tarda pas à atteindre l'entrée d'un champ de cannes, dont la récolte comptait en ce moment une centaine de noirs.

Sous la surveillance du commandeur (un nègre

comme eux), ils abattaient avec un long coutelas que les noirs portènt suspendu à leur ceinture, des tiges dont la hauteur variait de huit à douze pieds. Ces tiges ne peuvent pas, comme on le pense bien, être abattues tout d'une pièce; on les coupe en trois ou quatre endroits, au-dessus des nœuds qui divisent la canne à sucre dans sa longueur.

A peine arrivé là, Octave fut rejoint par le négrillon; il tenait à la main le parasol et l'éventail de plumes sans lesquels les blancs ne s'aventurent guère pendant le jour hors de leurs maisons. Mais comme, à cette heure matinale, le vent d'est tempérait de son souffle la chaleur de l'atmosphère, et que, d'ailleurs, le jeune Blainvilliers ne comptait pas prolonger beaucoup sa promenade, il se borna à prendre l'éventail des mains du petit noir, qu'il congédia, lui laissant le parasol; car il se croyait suffisamment abrité du soleil par son grand chapeau de paille.

Après avoir contemplé quelque temps les travailleurs, Octave se détourna du vaste champ de cannes, pour gagner un grand carré de terrain où s'alignaient symétriquement de charmants arbustes dont le feuillage ressemblait à celui de l'oranger, les fleurs à celles du jasmin d'Espagne, et les fruits à nos cerises. Des négresses étaient occupées à cueillir et à entasser dans leurs tabliers, d'où elles les versaient ensuite dans des sacs de toile, celles de ces cerises dont la belle couleur rouge indiquait qu'elles avaient atteint leur parfaite maturité. Notre promeneur détacha une fleur d'un de ces arbustes, et en respira le parfum aussi agréable que celui qui émane d'une tasse de pur *moka*. Quant au fruit, qu'il porta à sa bouche, il lui trouva un goût acerbe ; au milieu, il y avait, non pas un noyau, comme s'y attendait Octave, mais deux grains de café, appuyés l'un contre l'autre et renfermés dans une enveloppe grisâtre. Le coup d'œil qu'offrent les plantations de caféiers est extrêmement joli, et contribue à rendre très-attrayant l'aspect des îles où on les cultive.

En sortant de la caféière, Octave traversa un espace de terre assez considérable, où croissait une herbe qu'il reconnut être de l'indigo, et à l'extrémité duquel on apercevait un massif de cacaoyers dont les branches touffues s'épanouissaient en manière de parasol et formaient ainsi une sorte de tente de verdure qui invitait au repos. Octave, cependant, ne s'arrêta pas sous ces arbres. Sa curiosité étant plutôt excitée que satisfaite par les spécimens de végétation indigène qui s'étaient offerts à ses regards, il continua à marcher sur un sol montueux et inculte, quoique non stérile.

Ici, le cotonnier, cet arbrisseau aux feuilles blanchâtres, aux fleurs safranées, laissait échapper son fruit de forme oblongue, de couleur noirâtre, dont l'écorce, en s'entr'ouvrant, met à découvert une petite boule de bourre soyeuse.

Là, des lataniers étalaient leurs branches disposées en éventail. Plus loin, les lianes du vanillier, d'où pendaient des gousses pleines de petits grains noirs et odorants, s'enroulaient autour du tronc des papayers et des sapotilliers, à l'ombre desquels voltigeaient des oiseaux au plumage diapré des plus riches teintes.

Octave, qui avait un peu étudié l'ornithologie, reconnut, parmi les habitants ailés de ces bosquets, le loriot des Indes, entièrement jaune, sauf une bande d'azur qui traverse sa queue et va se terminer en fer à cheval au sommet de sa tête; le sucrier, dont le nom indique qu'il fait sa nourriture habituelle du sucre des cannes qu'il perce à coups de bec, et le colibri, dont les plumes, où brillent les couleurs de la topaze, du saphir, de l'émeraude et du rubis, servaient aux Mexicains à composer d'admirables tableaux.

Et le jeune Blainvilliers avançait toujours; son oreille avait été frappée par le bruit lointain d'une cascade, et ce bruit l'attirait vers un morne couvert de fougères si hautes, que notre intrépide marcheur les prit d'abord pour des cyprès.

Ce ne fut pas sans peine qu'il se fraya un passage à travers cette végétation magnifique, jusqu'au bord d'une rivière étroite, mais torrentueuse, qui, à quelques pas plus loin, s'élançait avec fracas du sein des rochers où elle prenait sa source.

Cette nature exubérante et sauvage absorba tellement l'esprit impressionnable d'Octave, que, sans réfléchir à la grande distance où il se trouvait alors de l'habitation, sans se laisser arrêter par la fatigue qu'il ressentait déjà, et qui serait nécessairement doublée par le retour, sans s'effrayer enfin de la possibilité de s'égarer dans ces solitudes où il n'y avait aucun sentier tracé, il s'enfonça dans une gorge rendue plus sombre encore par les arbres séculaires qui couronnaient la montagne que par ceux dont elle était parsemée.

Notre Européen se flattait de parvenir bientôt au faîte de cette montagne, d'où l'on devait jouir d'une superbe vue, et d'où il présumait qu'il lui serait facile de reconnaître sa position, et par conséquent de s'orienter sûrement pour regagner en ligne directe la maison de son tuteur.

Mais l'épaisseur et l'obscurité de la forêt augmentaient sensiblement; Octave, cédant à un vague sentiment de terreur, aussi bien qu'à une lassitude qu'il avait jusque-là vaincue par la force de sa volonté, s'arrêta au milieu d'une clairière formée sans doute par quelque incendie résultant du feu électrique ou de l'embrasement spontané des grandes herbes desséchées.

On a vu précédemment combien étaient légères les provisions que l'aventureux jeune homme avait emportées et consommées avant même d'être arrivé au champ de cannes. D'abord, il ne s'inquiéta pas du vif appétit qu'il commençait à ressentir... Les fruits des contrées tropicales étant à la fois substantiels et rafraîchissants, et les arbres qui les portent n'ayant pas besoin, comme les nôtres, d'être greffés et cultivés pour donner de bons produits, le voyageur trouve, pour ainsi dire à chaque pas, de quoi apaiser sa faim et sa soif.

Octave avait souvent entendu répéter cela en Europe; et comme il ignorait qu'il y a des exceptions à toutes choses, et que, dans les forêts vierges comme celle où il venait de pénétrer, les arbres à fruits sont ordinairement rares, il fut étrangement désappointé, lorsque, en promenant ses regards autour de lui, il n'aperçut ni manguiers, ni cocotiers, ni goyaviers. Le cèdre, l'acajou, le mahaleb ou bois de Sainte-Lucie, le colembac ou bois d'aigle, et autres arbres odoriférants et incorruptibles, s'offraient seuls à ses yeux surpris.

Toutefois, prenant son parti :

— Puisqu'il en est ainsi, se dit-il, je vais rétrograder jusqu'au torrent; j'ai vu des bananiers sur ses rives.

Mais la lassitude l'emporta en ce moment sur la faim, et Octave jugea indispensable de prendre un peu de repos avant de se mettre en quête de son déjeuner.

Il s'étendit donc à terre, au pied d'un acajou colossal dont les fruits, qui ont, comme chacun sait, la forme d'une noix, jonchaient le sol.

— J'espère bien, pensait le jeune homme, pouvoir être de retour à l'habitation pour l'heure à laquelle Mme Fabre descend dans le salon ; car si elle apprenait que je me suis aventuré sans guide hors de sa propriété, elle s'inquiéterait de ma longue absence. Heureusement, elle a, dit-on, l'habitude de se lever très-tard.

Tout en se livrant à ces réflexions, Octave jetait machinalement en l'air quelques-unes des noix d'acajou qui se trouvaient à sa portée. Quelle fut sa surprise, lorsqu'il vit fondre sur lui une grêle de ces mêmes projectiles, lancés avec une telle force, qu'on ne pouvait supposer qu'ils se fussent naturellement détachés de l'arbre sous lequel il avait trouvé un abri.

Le jeune Blainvilliers ne se trompait pas ; en cherchant çà et là du regard ses ennemis cachés, qu'il présumait être des nègres marrons, il aperçut une douzaine de singes, de l'espèce des sagouins, juchés, à divers degrés de hauteur, sur les branches d'un acajou, d'où ils envoyaient, en grimaçant d'une affreuse façon, ces balles d'un nouveau genre à celui qu'ils regardaient comme leur agresseur.

— Je leur pardonnerais bien volontiers cette attaque, s'ils m'eussent jeté, au lieu de ces mauvaises noix, deux ou trois cocos, se dit Octave.

Cependant, peu désireux d'essuyer la seconde bordée dont le menaçaient les sagouins, il se leva et alla chercher ailleurs le repos dont il avait besoin.

Après avoir marché quelques minutes, il aperçut un arbre magnifique, dont les branches ployaient sous le faix d'une innombrable quantité de pommes petites et vermeilles comme nos pommes d'api. Au grand regret d'Octave, elles se trouvaient toutes placées trop haut pour qu'il pût en cueillir; et probablement elles n'étaient pas encore mûres; car il n'y en avait pas une à terre sous l'arbre à l'ombre duquel notre promeneur se coucha de nouveau.

Presque aussitôt ses yeux se fixèrent sur un beau perroquet au plumage mêlé de rouge et de bleu turquin. Il se tenait perché à la cime d'un palmiste dont l'élégante colonne s'élançait bien au-dessus des ébéniers qui croissaient à l'entour. Il fut facile à Octave de reconnaître cet arbre, qu'il avait vu représenté sur des gravures.

C'est là seule espèce de palmier qui recèle sous son écorce, à l'endroit le plus proche du bouquet de feuilles dont sa tête est ornée, une substance très-délicate, assez improprement appelé *chou*, puisqu'elle a le goût de l'aveline et la forme d'une énorme tige de ciboule. C'est avec ce prétendu chou réduit en poudre et délayé dans de l'eau que l'on fait le sagou; mais, à son état naturel, le chou du palmiste est également bon et nutritif. Aussi le jeune Blainvilliers, qui savait très-bien cela, s'évertuait-il à chercher le moyen, pour lui alors impossible, d'abattre le bel arbre, qui lui aurait fourni un savoureux repas. Et, pendant ce temps, il s'éventait avec son écran de plumes, et regardait le perroquet, qu'il jugea être un ora.

Soudain, l'oiseau, toujours perché au haut du palmiste, se pencha de côté, en jetant un cri rauque, puis tomba au pied de l'arbre en même temps que le bâton qui, lancé par une main sûre, l'avait mortellement atteint. A cet instant, une figure noire se glissa furtivement sous le palmiste, ramassa avec une incroyable prestesse l'ora blessé ou peut-être déjà mort, et disparut aussitôt... C'était un nègre marron. Les noirs estiment fort la chair du perroquet.

Ce petit incident attrista Octave, qui voulut se lever afin de s'éloigner de ces lieux...; mais il n'en eut pas le courage. A la lassitude qu'il éprouvait précédemment se joignait maintenant une invincible envie de dormir... Tous ses efforts pour la combattre furent vains; le sommeil s'empara de ses sens.

Peu de minutes après qu'il eut fermé les yeux, un homme au teint d'un brun jaunâtre, aux cheveux non pas laineux, mais crépus, à la taille dégagée, en un mot un mulâtre, passa non loin de là.

Le fusil que ce nouveau venu portait sur l'épaule, le chien dont il était accompagné, et surtout la pièce de gibier encore saignante (c'était un agouti ou lièvre des Antilles) qu'il tenait à la main, indiquaient que c'était un chasseur. A peine eut-il aperçu le jeune blanc endormi sous l'arbre aux pommes vermeilles, qu'il alla à lui, le secoua fortement, et, voyant qu'il ne s'éveillait pas, il le traîna loin de l'ombrage sous lequel l'imprudent s'était couché.

Le mulâtre ouvrit ensuite sa gibecière, qui contenait des racines d'ignames cuites sous la cendre, des bananes et un flacon en calebasse rempli de rhum; puis, versant dans le creux de sa main quelques gouttes de cette liqueur spiritueuse, il en frotta les tempes et le front d'Octave.

Celui-ci rouvrit bientôt les yeux.

— Où suis-je?... Qui êtes-vous?... demanda-t-il d'un air effaré au chasseur.

— Je suis un homme assez heureux pour vous avoir arraché à une mort certaine.

— Que voulez-vous dire?

— Ne connaissez-vous pas les propriétés pernicieuses du mancenilier? dit le mulâtre en désignant du regard à l'Européen l'arbre à l'influence délétère duquel il l'avait soustrait.

— Est-il possible! s'écria Octave. Comment, en effet, ne l'ai-je pas reconnu! J'en avais pourtant lu plus d'une fois la description dans les relations de voyages... Oh! Monsieur, grâce à vous, que Dieu semble avoir amené ici exprès pour me sauver, j'ai échappé à un grand danger!

Il était vrai. Non-seulement le fruit attrayant du mancenilier est un poison violent contre lequel il n'existe, dit-on, d'autre antidote que l'huile d'olive, mais son feuillage même est tellement vénéneux, que, pour celui qui, épuisé de fatigue, s'endort insouciamment sous son ombre, il n'est guère d'espoir de réveil.

Cependant le mulâtre s'était assis sur l'herbe, entre son chien et Octave. Il offrit, de fort bonne grâce, à ce dernier la moitié des provisions que renfermait sa gibecière ; ce que le jeune homme n'eut garde de refuser. Il fit si bien honneur à ce repas inattendu, que le chasseur dut croire qu'il n'avait pas mangé depuis au moins deux jours ; en général, les habitants des pays chauds consomment peu d'aliments.

— Vous ne saurez peut-être pas regagner sans guide l'habitation de M. Fabre ? dit le mulâtre, lorsque Octave lui eut appris comment il se trouvait seul en ce lieu sauvage. Je vais vous accompagner jusqu'au bas du morne...

— Non, non, répondit le jeune Blainvilliers ; je ne veux pas que vous vous dérangiez à ce point pour moi... Indiquez-moi seulement la direction que je dois suivre, cela me suffira. D'ailleurs, je me sens trop fatigué pour me mettre en marche immédiatement ; j'ai besoin de prendre d'abord du repos.

— Que ce ne soit plus à l'ombre d'un mancenillier, ajouta le chasseur en souriant.

Et, voulant mettre l'Européen dans l'impossibilité de s'égarer, il le conduisit vers un ruisseau, de la rive gauche duquel il lui recommanda de ne point s'écarter en descendant de la montagne ; puis il s'éloigna.

Octave, lui, s'étendit sur l'herbe, au bord de l'eau, et une seconde fois il céda au sommeil qui l'accablait...

Combien de temps resta-t-il endormi ? C'est ce qu'il lui fut impossible de savoir, ayant oublié de prendre sa montre en sortant. Il ne put même pas se faire une idée approximative de l'heure qu'il était ; ce dont, au reste, il se préoccupa beaucoup moins que des enflures douloureuses qui couvraient presque totalement son visage.

En voyant s'agiter près de lui un essaim de moustiques, le jeune homme comprit que c'étaient ces malfaisants *diptères* qui l'avaient ainsi martyrisé. Comme, en ce lieu, le ruisseau dont il avait suivi le cours, selon les recommandations du mulâtre, formait une espèce de bassin naturel, Octave, qui éprouvait une soif ardente, s'arrêta, afin de se désaltérer... Au moment où il s'agenouillait à cette intention, au bord du bassin, une ombre se répandit sur l'onde cristalline, que doraient, quelques minutes auparavant, les brillants rayons du soleil des tropiques.

Le jeune Blainvilliers attribua cet obscurcissement au passage de quelque oiseau à large envergure, et, sans plus s'en occuper, il continua de boire à même le bassin, dans lequel il finit par plonger sa tête, espérant apaiser ainsi la souffrance intolérable que lui causaient les piqûres des moustiques.

Quand il se releva, grande fut sa stupéfaction...

L'obscurité s'était accrue au point qu'à peine put-il retrouver son chasse-mouche qu'il avait déposé sur l'herbe pour boire plus commodément.

Alors il se souvint de ce que lui avait appris au collége son professeur d'astronomie, à savoir que sous l'équateur il n'y a point de crépuscule, le renflement du globe empêchant que la clarté du soleil se prolonge lorsque cet astre est descendu au-dessous de l'horizon.

La promptitude avec laquelle le jour paraît et disparaît aux Antilles explique l'ébahissement du petit noir, quand le jeune Blainvilliers lui avait ordonné de l'éveiller dès l'aurore. L'aurore n'existe pas pour les habitants de ces îles.

Bien que le souvenir de ses études astronomiques empêchât Octave de s'effrayer de ces ténèbres subites, cependant il en ressentit de l'inquiétude ; car il était trop peu familiarisé avec le terrain accidenté de la Martinique pour être sûr de s'orienter nuitamment jusqu'à l'habitation de M. Fabre. Heureusement, les nuits sont très-lumineuses dans ce climat ; de brillants météores et des myriades d'étoiles ne tardèrent pas à percer le voile qui s'était répandu sur la terre et à éclairer la marche incessante du promeneur égaré.

Il reprit donc courage et doubla la rapidité de son pas. Comme il longeait un champ de cannes, à l'extrémité duquel il espérait retrouver la cacaoyère qu'il avait traversée le matin, il se sentit piquer légèrement le talon ; mais bientôt la douleur, au lieu de s'amortir, devint de plus en plus vive, si bien que le pauvre Octave, incapable d'appuyer son talon à terre, se vit obligé de casser une branche d'arbre pour s'en faire un appui.

— Pourrai-je atteindre ainsi l'habitation ! s'écria-t-il saisi de terreur, à cette pensée qu'il avait marché sur quelqu'une de ces plantes vénéneuses fort communes en Amérique, et dont les feuilles sont armées de piquants.

L'idée infiniment plus alarmante qu'un reptile l'avait peut-être mordu ne lui vint heureusement pas à l'esprit.

Comme beaucoup d'Européens, Octave prêtait à tous les serpents d'Amérique des proportions énormes. Il en est effectivement plusieurs, dans cette partie du monde, qui sont aussi gigantesques que hideux ; mais on y trouve aussi des espèces non moins petites, mais bien autrement dangereuses que nos vipères. Le serpent noir de la Louisiane et le serpent marbré de la Martinique sont de ce nombre. C'était par un de ces derniers qu'Octave venait d'être atteint.

Toutefois il continuait de cheminer en clopinant, et fort au hasard ; car à la plantation de cannes avait succédé un champ de manioc, au delà duquel s'élevaient de grands cèdres ; mais en vain cherchait-il la cacaoyère qui limitait les terres appartenant à M. Fabre. Le chasseur lui avait pourtant assuré qu'on la découvrait du pied de la montagne. Selon toutes probabilités, le jeune Blainvilliers, en poursuivant sa marche au milieu de l'obscurité qui avait immédiatement suivi la chute du jour, s'était trompé de direction.

— Oh ! mon Dieu, s'écria-t-il, que deviendrai-je, si vous ne me venez en aide !

A peine eut-il achevé cette courte mais fervente invocation, que la brise de terre qui souffle après le coucher, ou, pour mieux dire, après la disparition du soleil, apporta à son oreille attentive le murmure d'une voix.

Cette voix chantait le même air monotone dont il avait déjà entendu les noirs de son tuteur accompagner leurs travaux. Se laissant guider par elle, Octave rétrograda vers le morne, dans les bois duquel il osa pénétrer de nouveau, malgré la nuit qui augmente tout danger. Le pauvre enfant souffrait tellement, que l'espoir d'un secours humain écartait de son esprit toute appréhension.

Après un quart d'heure de marche, il arriva à l'entrée d'une vaste clairière, où il resta un instant à contempler le singulier spectacle qui s'offrit à ses regards.

Dans cette enceinte formée par des arbres séculaires, une vingtaine de nègres des deux sexes gesticulaient, trépignaient et se balançaient, rangés en cercle autour de trois ou quatre de leurs camarades qui exécutaient des danses aussi bizarres que fatigantes, tandis qu'une négresse débitait, en langue créole, une série de couplets inintelligibles pour une oreille européenne. Le refrain, répété en chœur par tous les assistants, était couvert par le son assourdissant d'une espèce de tambour (un baril fermé à l'une de ses extrémités par une peau d'âne) sur lequel un vieux noir frappait à coups redoublés avec ses poings.

Cette danse particulière aux nègres s'appelle, aussi bien que l'interminable romance dont elle est toujours accompagnée, *bamboula*. Les noirs se livrent à ce divertissement avec une véritable frénésie. Il n'est pas rare de les voir abandonner le *camp* des habitations, le samedi soir, pour courir à quelque ajoupa et y passer la nuit à fumer, à boire du *tafia*, liqueur spiritueuse fabriquée avec du suc de cannes, et à danser la bamboula.

L'espèce de vertige qui semblait avoir saisi les spectateurs et les acteurs de cette fête nocturne, fut cause qu'aucun d'eux ne s'aperçut de la présence du jeune étranger.

Celui-ci hésitait à interrompre le cours des plaisirs de cette assemblée, dont l'imperturbable sérieux lui eût paru très-plaisant en d'autres circonstances, lorsqu'il avisa, assise, c'est-à-dire accroupie auprès d'un papayer, une vieille négresse qui fumait sa pipe, les yeux baissés vers la terre. Son indifférence pour les danseurs indiquait, non moins clairement que son attitude, qu'une grave préoccupation, si ce n'était même un violent chagrin, absorbait ses pensées. Le soupçon conçu tout d'abord à ce sujet par le jeune blanc se changea en certitude, lorsque la vieille, retirant d'une main la pipe de sa bouche pour en secouer les cendres, prit une gourde en calebasse qui se trouvait à sa portée, et en avala plusieurs gorgées, après avoir balbutié, d'un ton lamentable :

— Moi voir peut-être jamais plus Timothée !

Ce fut seulement lorsque la négresse replaça sa gourde à terre, que son regard rencontra celui d'Octave, dont les traits fortement contractés, la pâleur livide et la position étrange (il se tenait sur un pied et entourait de ses bras, comme pour s'y suspendre, un rameau d'acajou) lui révélèrent tout de suite les souffrances.

Au lieu de reprendre sa pipe, elle se leva, s'approcha de l'étranger, et, après un court interrogatoire qui amena Octave à lui faire le récit de ses mésaventures, parmi lesquelles il comprenait l'accident dont les conséquences lui donnaient plus d'inquiétude qu'il ne le témoignait, elle lui dit :

— Jeune massa rien craindre... Vieille Maga connaître les vertus de plantes inconnues aux blancs.

— Je ne m'étais pas trompé, pensa Octave : cette femme est la mère de Timothée... La crainte de voir son fils s'éloigner d'elle la désole... Quelle sera sa joie, si mon tuteur réussit, comme il le croit, à me faire céder Timothée par son maître !

Tandis qu'il se livrait à ce monologue mental, Maga avait reconnu, au premier coup d'œil jeté par elle sur le pied enflé du jeune blanc, l'imminence du danger qu'il courait. En conséquence, elle enleva Octave dans ses bras et le déposa sur une natte grossière de bambous, à l'entrée de sa cabane, où elle le laissa étendu, pour aller cueillir, à la clarté de la lune, les herbes qu'elle savait être des spécifiques contre la morsure des serpents.

Les noirs des Antilles possèdent à un merveilleux degré la science moitié traditionnelle, moitié instinctive, des propriétés vénéneuses ou antivénéneuses des plantes tropicales. Octave n'ignorait pas cela ; aussi se trouva-t-il moralement soulagé, lorsqu'il vit la négresse s'occuper de sa guérison avec cette tranquillité flegmatique qui, en pareil cas, semble toujours d'un bon augure.

Néanmoins ses douleurs physiques devenaient si aiguës, qu'il arrêtait à grand'peine ses gémissements sur le bord de ses lèvres. L'enflure ayant gagné sa jambe, Maga, afin d'empêcher que le mal ne s'étendît encore plus, eut soin, avant de s'éloigner, de faire une ligature au-dessous du genou d'Octave.

A son retour, elle enveloppa le pied et la jambe du jeune homme avec une compresse d'herbes qu'elle avait préalablement écrasées entre deux pierres ; puis elle lui fit boire, dans une tasse faite avec la moitié d'une noix de coco, une infusion de plantes extrêmement amères. Peu d'instants après, Octave sentit ses souffrances diminuer, si bien qu'il ne songea plus qu'à trouver le moyen de retourner chez son tuteur.

— Si l'on pouvait me transporter sur un brancard jusqu'à l'habitation de M. Fabre? demanda-t-il à Maga.

Celle-ci hocha négativement la tête.

— Quel empêchement y aurait-il ?

— *Moi, pas voulé.* Vieille Maga pas répondre de la guérison de jeune massa, si lui pas être soigné par elle jusqu'à demain matin.

— Alors, envoyez prévenir Mme Fabre du motif qui me retient ici, dès que la danse qui est en train sera achevée.

Maga fit un léger haussement d'épaules.

C'est que, pour attendre la fin de la *bamboula*, il eût fallu peut-être laisser la nuit s'écouler tout entière. Les noirs sont de forcenés danseurs, et ceux qui se trouvaient en ce moment réunis devant l'ajoupa de la mère de Timothée ne paraissaient pas prêts à abandonner de sitôt la partie.

Pourtant, Octave ayant fait promettre, par l'organe de Maga, une gourde pleine de tafia à celui de ces amateurs enthousiastes de bal qui consentirait à partir immédiatement pour l'habitation de M. Fabre, le vieux nègre qui frappait de toute la force de son bras sur le baril, laissa ses camarades continuer leurs danses au son de la voix dolente des négresses. Saisissant le petit carré de papier que le jeune Blainvilliers avait détaché de son agenda, et sur lequel il venait d'écrire quelques lignes au crayon, notre *tambourineur* se mit à courir à toutes jambes dans la direction de la propriété du créole, qu'il connaissait bien.

Il espérait être de retour avant la clôture du bal ; mais Mme Fabre ayant donné ordre à ses noirs de le retenir jusqu'à l'arrivée de son mari, le pauvre musicien dut renoncer pour cette nuit au divertissement si attrayant de la bamboula.

Pendant ce temps, Maga travaillait à accélérer, autant qu'il était en son pouvoir de le faire, la guérison du jeune blanc. Grâce à ses compresses d'herbes, renouvelées de quart d'heure en quart d'heure, ainsi qu'au breuvage antivénéneux dont Octave n'hésita pas à boire, d'après son ordonnance, plusieurs tasses, l'enflure de la jambe du patient diminuait à vue d'œil. Il ne restait presque plus de traces de la morsure du reptile, lorsque, dans la matinée suivante, parut M. Fabre, suivi de deux noirs qui portaient sur leurs épaules un palanquin destiné à l'imprudent promeneur.

Le bon créole, ayant été informé, à son retour du Carbet, de l'accident arrivé à son pupille, n'avait point voulu prendre de repos avant d'être allé lui-même chercher Octave.

Ce dernier, en apercevant son tuteur, jeta une exclamation de surprise qui fut répétée à côté de lui. Il tourna machinalement la tête, et vit la vieille négresse serrant entre ses bras son fils Timothée, un des porteurs du palanquin dont s'était précautionné M. Fabre. La pauvre Maga n'espérait plus revoir son fils ; il est donc facile de se représenter ses transports de joie et de gratitude, en apprenant que l'ex-esclave du négociant du Carbet venait d'être acheté par ce même jeune homme à qui elle s'était trouvée si heureuse de conserver la vie, et dont l'intention évidente, en faisant l'acquisition du vieux noir, moins âgé de quatorze ans seulement que sa mère, avait été de rapprocher ces deux êtres trop fortement attachés l'un à l'autre par les doubles liens du sang et de l'affection, pour que leur cœur ne se brisât pas sous le coup d'une douloureuse séparation.

En effet, Timothée se trouva si peu occupé au service de son nouveau maître, qu'il se serait certainement cru *affranchi*, s'il n'eût été nourri et vêtu aux frais du jeune Blainvilliers, lequel non-seulement lui laissa toute liberté pour soigner sa mère, mais encore lui accorda, pour subvenir aux besoins et aux petites jouissances de la vieille femme, un espace de terrain à peu près double de celui dont son ancien maître, le négociant, lui abandonnait les produits.

Timothée parut vivement touché de ces marques de bonté du jeune blanc. Une seule chose l'affligeait... C'était, répétait-il souvent, de ne point avoir l'occasion de témoigner à bon massa la profonde reconnaissance dont son cœur était rempli. Cette occasion se présenta pourtant; elle fut amenée par un de ces terribles bouleversements de la nature qu'aucune puissance humaine ne saurait prévenir ni arrêter... Nous ne voulons pas attrister nos lecteurs, en leur retraçant le tableau des désastres sous le poids desquels la Martinique faillit succomber. Disons seulement que, lors du tremblement de terre qui, le 8 février 1843, causa la mort ou la ruine d'un si grand nombre de colons, Octave eût certainement péri, sans le dévouement de Timothée. Celui-ci passa quatorze heures à fouiller les décombres d'une maison du Carbet dans laquelle se trouvait par hasard, en ce fatal jour, le jeune Blainvilliers, et où il fût resté enseveli, sans les efforts presque surhumains du vieux noir pour sauver son maître, efforts que Dieu bénit sans doute, puisqu'ils furent couronnés du succès.

FIN.

TABLE.

	PAGES.
CHAPITRE I. — Enfance de Gustave.	7
CHAP. II. — Gustave et Bob.	11
CHAP. III. — Une nouvelle Connaissance.	24
CHAP. IV. — Les Suites des mauvais Exemples.	36
CHAP. V. — Nouvelle Imprudence.	47
CHAP. VI. — La Bastille.	63
CHAP. VII. — Gustave dans sa Prison.	80
CHAP. VIII. — Il n'est pas guéri pour toujours.	92
CHAP. IX. — Le Galérien.	102
CHAP. X. — Le Naufrage.	115
CHAP. XI. — Le Retour.	122
LE VIEUX NOIR ET LE JEUNE BLANC.	127

FIN DE LA TABLE.

ROUEN. — Imp. MÉGARD et Cie, Grand'Rue, 156.

www.ingramcontent.com/pod-product-compliance
Ingram Content Group UK Ltd.
Pitfield, Milton Keynes, MK11 3LW, UK
UKHW012035240726
13965UKWH00003B/815